WHEN HISTORY MEOWS

如果歷史是一群喵 10

宋遼金夏篇

肥志 編繪

國家圖書館出版品預行編目 (CIP) 資料

如果歷史是一群喵 . 10, 宋遼金夏篇 (萌貓漫畫學歷史)/ 肥志編 . 繪 . -- 初版 . -- 新北市 : 野人文化股份有限公司出版 : 遠足文化事業股份有限公司發行 , 2022.07
面； 公分 . -- (Graphic times)
ISBN 978-986-384-752-6 （平裝）

1. 中國史 2. 通俗史話 3. 漫畫

610.9 110021075

Graphic Times 24

如果歷史是一群喵 10

宋遼金夏篇

繪　　者　肥志
編　　者　肥志

野人文化股份有限公司
社　　長　張瑩瑩
總 編 輯　蔡麗真
副 主 編　徐子涵
責任編輯　余文馨
校對　魏秋綢
行銷企劃經理　林麗紅
行銷企劃　蔡逸萱、李映柔
設計　林遠志、林榮輝
繁中版封面設計　周家瑤
繁中版美術設計　洪素貞、許庭瑄

出　　版　野人文化股份有限公司
發　　行　遠足文化事業股份有限公司（讀書共和國出版集團）
地址：231 新北市新店區民權路 108-2 號 9 樓
電話：（02）2218-1417　傳真：（02）8667-1065
電子信箱：service@bookrep.com.tw
網址：www.bookrep.com.tw
郵撥帳號：19504465 遠足文化事業股份有限公司
客服專線：0800-221-029
法律顧問　華洋法律事務所　蘇文生律師
印　　製　凱林彩印股份有限公司
初版首刷　2022 年 07 月
初版 6 刷　2023 年 07 月

如果歷史是一群喵 (10)
線上讀者回函專用 QR CODE，您的寶貴意見，將是我們進步的最大動力。

野人文化官方網頁

序

如果唐的形容詞是「雍容華貴」，那麼宋的形容詞可能就是「清淡素雅」。

與唐相比，宋從沒有過盛唐那樣遼闊的疆土，也少有能和李世民、李隆基比肩的帝王。因為脫胎於五代亂世，它在立國之初就在忙著制定規矩，比如重用文臣，打擊武將；削弱地方，加強中央……這些做法確實鞏固了統治，但也使國家缺少了力量和張狂。

所以，宋朝給人的感覺總是克制和務實的。

終宋一代，它先後受到契丹、党項、女真等民族的威脅，甚至被迫分成了北宋與南宋。可給它安寧，它就能發展為L．S．斯塔夫里阿諾斯在《全球通史》中所說的「黃金時代」，成為陳寅恪老師口中華夏文化「造極」的地方。

這樣一個大反差的時代其實是很有意思的。因為歷史的進度條至此距離我們只剩1000年左右，在很多方面，它都對今天有著重要的影響。

受篇幅所限，本卷只能為讀者朋友呈現它前半段的發展脈絡，而有關它在藝術、宗教、經濟、文化上的成就，如果感興趣，不妨自己去探究一下。相信讀者朋友在看過後一定會有收穫。

最後，本卷在編繪過程中主要參考了《宋史》、《金史》、《續資治通鑑長編》等史籍資料，而有關宋、党項、女真後半段的故事我們將留到下一卷再呈現給大家。

再次感謝讀者朋友對《如果歷史是一群喵》的支持與鼓勵。

我們下回再見！

目錄

正文讀取順序從左往右，
對白、注釋以及編者按讀取順序從右往左。

第一百一十四回◉宋初集權

在經歷了動亂的**五代十國**後，

白壽彝《中國通史》：
「唐天祐四年（907），曾經是統一強盛的唐朝滅亡，梁（後梁）建立……在隨後的50多年內，中原地區相繼更迭為唐、晉、漢、周，而其間先後並存而時間較長的有10個漢族割據政權，史稱五代十國時期。」

宋皇朝成為了**新**的華夏**正主**。

蔡美彪《中國通史》：
「九六〇年，宋太祖趙匡胤推翻後周，建立宋朝，結束了五代十國時期的封建割據。漢族政權，重又歸於統一了。」

五十多年的戰亂，
簡直把喵民們折騰得**夠嗆**……

樊樹志《國史概要》：
「從 907 年朱溫滅唐建立梁，到 960 年趙匡胤滅周建立宋，前後五十四年，是五代十國時期。」
軍事科學院《中國軍事通史》：
「五代十國的戰爭……五十多年間從未停止……幾萬或幾十萬人同時參戰，規模龐大。戰爭的結果固然造成不少地區人員大量傷亡，社會經濟嚴重破壞，給廣大人民群眾帶來了深重的災難。」

軍事科學院《中國軍事通史》：
「五代十國戰爭連續不斷，幾乎從未停止。各國政權的相互兼併……統治集團內部的篡權奪位，廣大農民對暴政的武裝反抗，也時有發生。」

而這一切的主要原因，
可以說就是**政權頻繁更迭**導致的。

作為一個新的統一皇朝，
宋必須**改變**這個問題。

翦伯贊《中國史綱要》：
「在結束五代十國局面的過程中，北宋統治者著重考慮的問題有兩個：一個是如何使唐末以來長期存在的藩鎮跋扈局面不再繼續出現，另一個是如何使北宋政權能長期鞏固下去，不再成為五代之後的第六個短命朝代。」

這個**重任**自然**落到**了宋的開國**皇帝**身上。

他，就是宋太祖**趙匡胤喵**。

白壽彝《中國通史》：
「宋太祖趙匡胤（927—976），
宋朝的開國皇帝。」

對於皇朝的「短命魔咒」，
匡胤喵決心**破除它**！

《續資治通鑑長編・卷二》：
「初，上（趙匡胤）既誅李筠及重進，一日，召趙普問曰：『天下自唐季以來，數十年間，帝王凡易八姓，戰鬥不息，生民塗地，其故何也？吾欲息天下之兵，為國家長久計，其道何如？』普曰：『……此非他故，方鎮太重，君弱臣強而已。』」

所以他必須做一件事，

那就是「**集權**」！

傅樂成《中國通史》：

「宋的國策，簡言之是「強幹弱枝」。其基本原則，約有二端：一是中央集權，使中央的各項權力如軍、政、財、法等權都超越地方……從太祖起，這個政策一直是宋的國策……」

在宋朝以前，

皇帝雖然是**老大**，

但下面還有個**宰相**。

商務印書館《古代漢語詞典》：
「宰相，特指輔佐皇帝執政的最高行政長官。」

宰相分別**管理**著中書省、門下省和尚書省**三個**重要政治**機構**。

范文瀾《中國通史》：
「唐初沿隋制，以尚書、中書（二省長官稱令）、門下（長官稱侍中）三省長官共議國政，行施宰相的職務。」
鄭學檬《五代十國史研究》：
「五代十國中央官制基本上沿襲唐朝，三省六部制度是最重要的制度。」

中書省管**起草**，

韓昇《隋文帝傳》：
「內史省（即中書省，因避隋文帝父親楊忠名諱而改）主要負責制定詔令……」

門下省管**審核**，

韓昇《隋文帝傳》：「門下省主要掌管封駁，百官奏事或頒布詔令須經門下審閱，隨事封駁，因此，它成為承上啟下聯繫皇帝、內史和尚書省的橋梁。」

尚書省再去**執行**。

白鋼《中國政治制度通史》：「尚書省是隋唐五代的中樞行政機關。中書門下發出的制敕，均由本省轉發到中央各官署及地方州縣衙門，或根據制敕精神制成政令，交有關官署執行。」

在這個過程中，
宰相**涉及**了國家的**一切大事**，

可以說**權力巨大**。

* 巨腕：意指權力或能力超群的人。

張豈之《中國歷史．隋唐遼宋金卷》：
「宋代以前，宰相位於皇帝之下，握有『事無不統』的大權。宰相權力過大，就可能動搖或威脅皇帝的地位。」

可到了匡胤喵這兒呢⋯⋯

宰相就得**靠邊站**了。

樊樹志《國史概要》：
「唐朝的宰相『事無不統』，權力很大，趙匡胤反其道而行之，分割宰相權力。」

是的，從宋朝開始……

匡胤喵就要求宰相和大臣們都**站著匯報工作**。

白壽彝《中國通史》：

「趙匡胤已廢去唐及五代一直沿行的宰相『坐而論道』的舊制……」

虞雲國《細說宋朝》：

「宋代以前，宰相見皇帝議事，是要賜茶看座的，即所謂『坐而論道』……宰相見皇帝從坐到站，是從宋代開始的，這是相權下降的標誌。」

然後還分別設置了**樞密院**，

樞密院

虞雲國《細說宋朝》：

「太祖（趙匡胤）把原先的相權一分為二，分為中書和樞密院，一文一武，號稱『二府』。」

來管**軍事**；

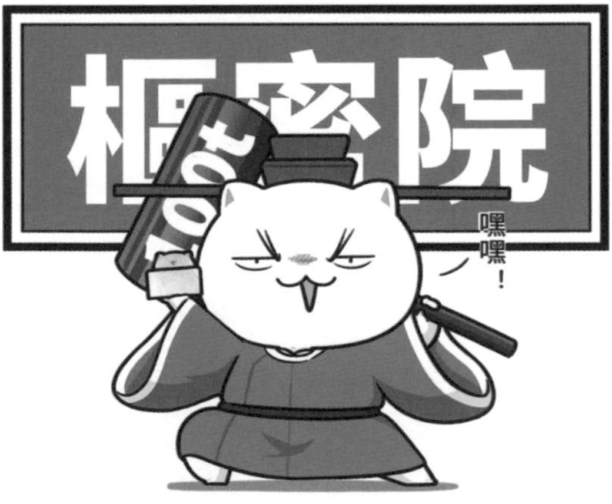

《宋史・卷一六二》：

「樞密院掌軍國機務、兵防、邊備、戎馬之政令，出納密命，以佐邦治。凡侍衛諸班直、內外禁兵招募、閱試、遷補、屯戍、賞罰之事，皆掌之。」

設置了**三司**，

來管**經濟**；

虞雲國《細說宋朝》：

「在以樞密院分宰相兵權的同時，太祖（趙匡胤）設三司總理全國財政，這是僅次於中書和樞密院的中央行政機構。其最高長官是三司使……實際上與宰相、樞密使分掌了全國行政、軍事、財政大權。」

最後**中書門下**，

來給宰相管**行政**。

張豈之《中國歷史‧隋唐遼宋金卷》：

「宋代雖留三省之名，而無三省之實。宋設『中書門下』掌握實權，但僅有民政權，設於內庭，稱政事堂（即宰相辦公的地方），是中央行政機關。長官為宰相，官銜是『同中書門下平章事』，簡稱『同平章事』。」

這麼一來，宰相的**權力**瞬間**大幅度縮水**。

顧宏義《細說宋太祖》：
「宋沿唐制，設門下、中書、尚書三省，門下、中書二省並無實際權責，而於禁中設中書門下，稱政事堂，其長官為宰相……宰相在名義上可統掌國家軍政大事，但一般僅處理行政事務。」

但……這**還沒完**……

為了分宰相的權，
匡胤喵還給**增加**了**副宰相**……

虞雲國《細說宋朝》：
「（964年）四月，（趙匡胤）便設參知政事，簡稱參政，是為副相……」
「開寶六年（973年），太祖把參知政事的職權和地位，提升到與宰相接近，他首先命參知政事得入政事堂與宰相同議政事，而後命參政與宰相輪番掌中書門下的相印……用意是防範宰相專擅，分割宰相權力。」

並在各個部門都**安排**了**更多官員**。

三司使
同知樞密院事
門下侍郎
參知政事
中書侍郎
樞密副使
樞密使
副

張豈之《中國歷史．隋唐遼宋金卷》：
「北宋為了把財政大權從宰相手中分割出來而設置了三司……長官是三司使，亦稱『計相』。另設三司副使多人，以防三司使專權。」「另外，在中央還設有審官院、三班院等，分割了宰相對文武官員的銓選大權……通過以上諸種措施，宋代把中央集權強化到空前未有的程度。」

經過這些手段，
宰相徹底**淪為**了「**打工仔**」。

朱紹侯《中國古代史》：
「（趙匡胤）不但在宰相之下添設『參知政事』作為副相，而且還把唐末五代設置過的樞密使和三司使定為常設官員，以樞密使分取宰相的軍權，以三司使（又稱『計相』）分取宰相的財權。經過這番改革、本來『事無不統』的宰相，只剩下了有限的權力。這樣，皇帝便可以總攬大權，操縱自如了。」

而同樣的，**軍隊**也**不能倖免**。

軍隊

白壽彝《中國通史》：
「趙匡胤在宋朝統治穩定之後，隨即開始實行收兵權的措施……」
陳振《宋史》：
「如何消除武將擁有兵權的危險性，是宋太祖在建國之初急欲解決的問題。」

五代十國之所以**混亂**，
其實就是因為軍隊**一不爽**就**造反**。

軍事科學院《中國軍事通史》：
「五代十國禁軍以及藩鎮兵長期保存著唐後期驕兵集團的特徵，後唐、後晉、前蜀諸國尤為嚴重。他們藐視軍事法令……還動輒以武力威脅朝廷，擁立帝王，或稱兵割據。這是造成各國頻繁動亂以及政權迅速更迭的重要原因。」

匡胤喵……**也**是這麼**上來的**。

陳振《宋史》：
「後周太祖郭威和宋太祖之所以能夠進行兵變、奪取政權的關鍵，都是因為掌握了中央禁軍的兵權。」
樊樹志《國史概要》：
「後周的歸德軍節度使兼禁軍首領、殿前都點檢趙匡胤……發動兵變……順利地改朝換代，建立宋朝。」

所以宋朝建立沒多久，
匡胤喵就把**禁軍最高統帥**這個職位給**取消**了。

翦伯贊《中國史綱要》：
「北宋建國之後，宋太祖和宰相趙普等人就開始收奪高級將領的兵權，取消殿前都點檢和副都點檢。」
張豈之《中國歷史・隋唐遼宋金卷》：
「繼『杯酒釋兵權』後，宋廷廢除了過去統領禁軍大權的殿前都點檢……」

接著又把原來的
殿前司和侍衛司**兩個**軍事**部門**……

白鋼《中國政治制度通史》：
「五代時，侍衛親軍逐漸取代唐朝的六軍地位，成為中央禁軍。其統帥機構，稱侍衛司。侍衛司的機構，到後晉時，業已健全。到後周時，又置殿前司，與侍衛司分統禁軍，並稱為二司。」

換成殿前司
與侍衛馬軍司、侍衛步軍司**三個部門**。

朱紹侯《中國古代史》：
「（趙匡胤）罷去殿前都點檢、副都點檢及侍衛馬步軍正副都指揮使的職位，而且把禁軍兩司（殿前司和侍衛馬步軍司）分為三衙（又稱『三司』），即殿前司與侍衛馬軍司、侍衛步軍司，鼎足而立。」

三部門將領**互相牽制**，

軍事科學院《中國軍事通史》：
「三衙，亦簡稱三司（殿前司或殿司、馬司、步司），是宋朝分掌皇帝三支親軍的最高指揮機關。三衙的全名是：殿前都指揮使司、侍衛親軍馬軍都指揮使司和侍衛親軍步軍都指揮使司。」「三衙之間沒有統屬關係，是相互平行的三司鼎立。目的是使之互相箝（鉗）制，以便於皇帝集中軍隊的最高指揮權。」

隔三差五還**調**動**來調**動**去**……

蔡美彪《中國通史》：
「太祖開寶（九六八至九七六年）時，有禁軍馬步兵十九萬三千……起初，禁軍都駐在京師，後來也部分地出守各地……派出的禁軍定期輪換，因而有所謂『出戍法』（或稱『更戍法』）。出戍京東、京西、河北……等地的，三年一輪換。廣西等地，二年一輪換。陝西兵，半年一換。」

而且士兵平時**跟著**將領出去**打仗**，

顧宏義《細說宋太祖》：
「凡天下兵籍、武官選授及軍師卒戍之政令都歸樞密院，而三帥負責士兵的選拔訓練，禁衛戍守，將士的遷補賞罰等，皆直接對天子負責。此外，當遇有戰事，往往臨時委派統兵將領，而禁軍將帥，尤其是殿帥（殿前都指揮使），一般不遣出領兵出征。」

回來後則**不歸**將領們**管**。

顧宏義《細說宋太祖》：「……待回軍日，兵歸三衙，將還本職。」

也就是說將領**只負責帶兵**出去幹架，

但帶**多少**兵和帶**哪些**兵，
都得**聽皇帝**的。

張豈之《中國歷史·隋唐遼宋金卷》：「為了防止禁軍中一切危害皇權統治的因素，北宋又在軍隊中實行『更戍法』……軍隊駐守地時常更換，而統兵將領由中央任命，也不固定。如遇征戰，多由皇帝臨時命將，並按皇帝頒發的陣圖作戰，不能隨意改變。戰事結束，兵歸宿衛，將還本職，一切軍權都集中於皇帝。」

並且將領還得歸**文官們領導**……

軍事科學院《中國軍事通史》：
「三衙的長官還分別稱為殿帥、馬帥、步帥，合稱三帥。」
張豈之《中國歷史·隋唐遼宋金卷》：
「為了限制三帥的權力過大，宋又因襲了唐末五代以來的樞密院制度，在中央設樞密院，長官為樞密使，主管全國軍隊的調動和招募、訓練、供給等事宜。」

真是被**吃得死死的**。

張豈之《中國歷史·隋唐遼宋金卷》：
「樞密使與三帥各有所司，樞密使有調兵權而無領兵權；三帥有領兵權而無調兵權。調兵權與領兵權的分離，使二者各自獨立，相互制約，有利於皇權的控制。」

這些手段下來，
無論是文官還是將領
都**失去**了與皇帝**叫板**的**可能**，

翦伯贊《中國史綱要》：
「北宋政府的宰相機構稱作中書門下……以樞密院負責軍政大權……樞密使的事權與統兵的高級將領互相牽制：高級將領雖統領軍隊，但發號施令之權則歸樞密院；樞密院雖有制令之權，但樞密使並不統領軍隊。這樣就使樞密使或高級將領都沒有可能發動軍事政變了。」

*DOWN：意指下跌。

匡胤喵成了**無上權威**。

張豈之《中國歷史．隋唐遼宋金卷》：
「北宋前期，宰相主管民政，樞密院主管軍政，三司主管財政，三者鼎立，彼此互不相知，大權集於皇帝一身。」

而要說被打擊得最狠的，
還得是地方武將，

匡胤喵可是一點**不手軟**。

虞雲國《細說宋朝》：
「趙普以『君弱臣強』一語道破中唐以來政變頻繁、社會動亂的根本原因，又以『削奪其權，制其錢穀，收其精兵』作為解決這一歷史大問題的三大綱領。」「以三大綱領收藩鎮之權，由趙普建議，太祖（趙匡胤）施行……」

地方要造反，
必須得有**軍隊**才行。

陶懋炳《五代史略》：
「五代是中國封建制時代中原地區出現的時間最短的割據時期……擁有重兵的封建軍閥可以要挾朝廷，甚至稱王稱帝……」

於是匡胤喵乾脆就在地方**徵兵**，

張豈之《中國歷史·隋唐遼宋金卷》：
「建隆二年（961），趙匡胤在收奪地方軍權的同時，親自整頓禁軍……並令地方州縣挑選精壯男子補充禁軍。以後按一定的『兵樣』在各地選拔精兵，擴充中央的禁軍……」

每年從地方把最**強壯**的**收中央**部隊去，

白壽彝《中國通史》：
「乾德三年（965）八月，趙匡胤又『今天下長吏擇本道兵驍勇者，籍其名送都下，以補禁旅之缺』，將天下精兵編入朝廷禁軍，地方只留老弱作為廂軍，主要從事州府雜役，以收節度使的兵權。」

然後把**老弱**士兵**調到地方**……

蔡美彪《中國通史》：
「宋太祖即位的次年，九六一年，即著手加強禁軍，進一步揀汰老弱，補充精壯。這年五月，下令各州揀選勇壯兵士，升為禁軍。又除去禁軍中的老弱，設『剩員』處理。退兵下到諸郡，仍給兵俸。」

同時也派**文官**去**當**地方的**領導**，

顧宏義《細說宋太祖》：
「宋初，由後周任命的擁有地方兵馬的異姓王和帶相印的方鎮不下數十人，宋太祖於乾德元年（963年）後，採用趙普的建議，或藉故將他們調遷，或讓他們遙領他職……而逐步任命文臣知州代之，使節度使漸漸成為無權的虛銜。」

還順便要求地方**稅收**也要交到中央。

陳振《宋史》：

「自唐代中葉設置節度使以後，節度使不僅掌握兵權、行政權，而且所有賦稅收入全歸節度使……建隆二年（961年）趙普向宋太祖提出控制節度使的第二策，就是『制其錢穀』。到乾德二年（964年），『始令諸州自今每歲受民租（田賦）及管榷之課（商稅），除支度給用外，凡緡、帛之類，悉輦送京師』，將節度使的財權收歸中央。」

這兵不行、錢沒有，

想**造反都難了**……

陳振《宋史》：

「趙普在建隆二年（961年）建議控制節度使三策中的其他二策『制其錢穀』、『收其精兵』，在太祖時已經完成。節度使實際上只是禮遇很高的州（府）級行政長官……不再是獨霸一方的藩鎮，對皇權構成威脅的可能性也已不復存在。」

就這樣，在匡胤喵的**一頓操作**下，

宋朝的**統治得到**了極大的**鞏固**。

虞雲國《細說宋朝》：

「宋太祖以一軍旅武將奪得天下……做了兩件大事：第一，基本統一了南方，並為統一全國打下了堅實的基礎；第二，強化了中央集權，徹底消弭了中唐以來造成地方割據的動亂因素。」

至此天下**再無分裂割據**，

虞雲國《細說宋朝》：

「太祖不僅為趙宋王朝，也為其後的封建王朝留下了一筆不可缺少的政治遺產，宋代以後的統一王朝沒有再出現分裂割據局面，這筆政治遺產是大起作用的。」

喵民們再次過上了**安定的日子**。

朱紹侯《中國古代史》：

「北宋加強中央集權的措施，對解決藩鎮跋扈，維護國家統一，起了重要作用，在客觀上也有利於當時社會經濟的發展。」

然而就在國家政權**逐漸穩定**的時候，

一場皇室內的**陰謀**卻正在**悄悄醞釀**……

張其凡《宋太宗》：
「到開寶末年時……廣羅黨羽，內外交通，勢力大盛，『威望隆而羽翼成』，太祖（趙匡胤）不可能不感覺到……咄咄逼人之勢。」

那新興的宋朝又將**經歷什麼**呢？

（且聽下回分解。）

編者按

與此前的漢唐相比，宋朝能否被視為大一統的皇朝，至今未有定論，但傳統觀點認為，即使宋朝從疆域上而言略遜漢唐，它的建立仍然標誌著晚唐五代以來分裂割據局面的結束，它是再度統一的封建國家。而這一切，都與宋太祖在宋初的治理有關，通過「強幹弱枝」的國策，趙匡胤用了短短幾年便把全國的權力集於皇帝和中央，不僅使皇帝對朝廷的控制大大增加，朝廷對地方亦是如臂使指。至此，遺患百年的藩鎮制度終於結束，五代中武將利用禁軍改朝換代也不再可能，宋朝長久統治的基業至此奠定。史書稱讚宋太祖「釋藩鎮兵權，繩贓吏重法，以塞濁亂之源」，這是很有道理的。

趙匡胤——烏龍（飾）

參考來源：《宋史》、《續資治通鑑長編》、陳振《宋史》、張其凡《宋太宗》、韓昇《隋文帝傳》、白壽彝《中國通史》、蔡美彪《中國通史》、傅樂成《中國通史》、范文瀾《中國通史》、樊樹志《國史概要》、虞雲國《細說宋朝》、陶懋炳《五代史略》、朱紹侯《中國古代史》、顧宏義《細說宋太祖》、翦伯贊《中國史綱要》、鄭學檬《五代十國史研究》、白鋼《中國政治制度通史》、軍事科學院《中國軍事通史》、張豈之《中國歷史・隋唐遼宋金卷》、商務印書館《古代漢語詞典》

附錄

【魔鬼練兵】

趙匡胤很會訓練士兵，
比如他會特意在城西
發城東軍隊的糧餉，
讓士兵自己背著回軍營，
以此來磨鍊軍隊。

【節儉皇帝】

趙匡胤很節儉，
不僅自己穿著樸素，
還不讓女兒穿華麗的裙子，
免得她帶起奢華的風氣。

【不准開小差】

趙匡胤發現有官員在早朝時偷偷聊天，
於是在官帽兩邊加上長長的「翅膀」。
官員一動就會互相撞到，
這樣就沒人開小差了。

百群喵檔案

烏龍小劇場

《演戲 1》

這位先生，有興趣拍電影嗎？
可以可以！我覺得很合適！
我……真的可以嗎？
相信我的眼光！
我從來不會看走眼！
第55場！綁匪就位！
《緊急救援》
55

《演戲 2》

自從演了綁匪後……
大家似乎更怕我了……
早安啊！烏龍先生！
最近有個角色更加適合你的，跟我去一趟吧！
不是啦不是啦！這次是個正面角色！
又是綁匪嗎？
屍體就位！縱火凶殺事件第一幕！
《現場調查》
01

烏龍

巨蟹座

生日：7 月 11 日

身高：180 公分

喜歡的書籍類型：動物百科

最愛去的地方：動物園

（烏龍擬人介紹）

烏龍的機甲
Wulong's Mecha

第一百一十五回◉燭影斧聲

在趙匡胤喵的**改革**下，

竺沙雅章《宋太祖與宋太宗》：
「太祖（趙匡胤）即位初年，在平息了李筠、李重進的反抗後，國內已無足以與太祖對抗的勢力。第二年，即著手制定了一系列安定國家的策略，以加強皇權，鞏固統治。」

宋皇朝完成了進一步的**中央集權**，
鞏固了這個新政權的**統治**。

虞雲國《細說宋朝》：
「宋太祖以一軍旅武將奪得天下……做了兩件大事：第一，基本統一了南方，並為統一全國打下了堅實的基礎；第二，強化了中央集權，徹底消弭了中唐以來造成地方割據的動亂因素。」

可就在這一切**穩步發展**的時候，

張其凡《宋太宗》：
「開寶九年（976）十月，太祖猝然死去，年僅五十歲。」

匡胤喵……卻**離奇**地……「**掛了**」。

而他的死**牽扯**到了一個**喵**，

他就是匡胤喵的弟弟——

趙光義喵！

顧宏義《細說宋太祖》：
「趙光義生於後晉天福四年(939年)，小趙匡胤十二歲。」
聶兆華、鐘立恆《宋太宗趙光義傳》：
「趙光義是宋開國皇帝趙匡胤的弟弟。」

光義喵是匡胤喵**同父同母**的**親弟弟**，

顧宏義《細說宋太祖》：
「杜氏一共生有五子二女，即匡濟、匡胤、匡義、匡美、匡贊和陳國、燕國二長公主……宋朝建立後，按禮法必須避天子的名諱，所以趙匡胤的兄弟即改『匡』字為『光』。」

匡胤喵**老二**，他**老三**。

虞雲國《細說宋朝》：
「宋太祖趙匡胤共有五兄弟，他是老二。老大光濟和老五光贊早死。老三即趙光義……」

據說哥哥出生時**紅光滿屋**，

《宋史．卷一》：
「太祖（趙匡胤），宣祖仲子也，母杜氏。後唐天成二年（927年），生於洛陽夾馬營，赤光繞室，異香經宿不散……」

他出生時也**一樣**。

《宋史．卷四》：
「初，后夢神人捧日以授，已而有娠，遂生帝（趙光義）於浚儀官舍。是夜，赤光上騰如火，閭巷聞有異香，時晉天福四年（939年）十月七日甲辰也。」

不知道……**是真是假**……

因為老趙家是**軍官家庭**，

張其凡《宋太宗》：「匡義的父親趙弘殷，涿郡（即幽州，今北京市）人，是個驍勇善騎射的武將，當時在禁軍中任護聖指揮使，所以匡義生於護聖營的官坊之中。」

光義喵成年後自然也就跟著**當了兵**，

但似乎**沒啥成績**……

張其凡《宋太宗》：「匡義在顯德元年匡胤初露頭角時，才『補右班殿直』；『遷供奉官』，當在顯德三年匡胤立功、弘殷去世之時；『五年，改殿前祇候、供奉官都知』，成為下級軍校。」

不僅**戰鬥力一般**，

更**沒**啥**戰功**。

張其凡《宋太宗》：「匡義的早年，並無任何值得誇耀之事，尤其是武藝和戰功方面……」

在能征善戰的哥哥面前，

確實**只是個「弟弟」**。

張其凡《宋太宗》：「……他只不過是一個普通的禁軍將校的兒子或弟弟罷了。」

不過在哥哥的提攜下，
光義喵還是**獲得了成長的機會**。

弟弟莫慌。
啊？

張其凡《宋太宗》：「宋太祖當了皇帝以後，為避諱，匡義改名光義，匡美改名光美。光義被任命為殿前都虞候，領睦州（今浙江建德）防禦使，開始執掌兵權。」

在宋朝建立後，
哥哥出去**打仗**，

宋
親愛的弟弟，哥哥出去打架了。

張其凡《宋太宗》：「宋朝建立，是在建隆元年(960)……」「建隆元年五月，太祖親征據澤潞反抗的李筠。」

光義喵就留下來**看家**，

宋
等你回來！

聶兆華、鐘立恆《宋太宗趙光義傳》：「宋太祖趙匡胤登基後，對這位年僅22歲的胞弟十分器重。他不斷地提高趙光義的地位……宋太祖親自統帥大軍征討李筠，以趙光義為臨時大內都點檢，留守汴京。」

後來還當上了首都「**市長**」。

《續資治通鑑長編．卷二》：

「建隆二年（961年）春正月丙申朔，（趙匡胤）御崇元殿受朝賀……壬午，以皇弟泰寧節度使、兼殿前都虞候光義兼開封尹……」

竺沙雅章《宋太祖與宋太宗》：

「在太祖即位之後，（趙光義）職位急劇升高。建隆元年（960），為殿前都虞候；第二年，為開封府尹（首都開封府的長官）。」

在這個過程中，

他不僅**掌握了**一定的**兵權**，

張其凡《宋太宗》：

「自建隆元年（960）至開寶九年（976）的十七年，是宋太祖在位時期……在這一段時間，光義不僅身為殿前都虞候，掌握了一定的兵權，而且兩次被委以留守京師的重任。」

也積累了不少**政治經驗**。

聶兆華、鐘立恆《宋太宗趙光義傳》：

「趙光義任開封府尹十六七年，勤奮不怠，處理大小事務，熟悉了政事與民情……這不僅增強了他的政治地位與勢力，也鍛鍊了他的政治才能。」

漸漸地，

他開始有了**爭取**繼承**皇位資格**的心思。

張其凡《宋太宗》：

「五代時期，親王尹京，即隱含確定為繼位人之意。周世宗在繼位前即為晉王兼開封尹。光義得為開封尹，已隱然有繼位人的地位；但是一未封王，二是位在百官之上的地位並未確立……因此，光義尚未完全具有繼位人的地位。於是，光義在開封尹之位上，開始了爭取成為準皇儲地位的鬥爭。」

為了皇位，

光義喵逐漸**發展**自己的**勢力**。

例如**招攬才俊**，

張其凡《宋太宗》：「建隆二年（961）光義為開封尹後……光義利用開封尹的地位，在開封府中廣延豪俊，聚集一批幕僚。」

例如**拉攏大臣們**，

張其凡《宋太宗》：「光義在開封府時，還有意拉攏文武大臣，以擴大影響與勢力。」

還**養了很多手下**在家裡。

聶兆華、鐘立恆《宋太宗趙光義傳》：「趙光義利用開封府尹的地位，在開封府中廣泛交結各方豪傑俊士，一大批幕僚將校聚集在他的府下。」

只要有能力，
甚至連**罪犯**他**都收留**，

張其凡《宋太宗》：
「除了數目龐大的幕僚群，光義在文官、武將中也交結了不少人，其勢力日益發展……幕僚之中的元達、傅思讓、王漢忠等人，就是無賴亡命之徒。」

反正就是形成了一股**強大的政治勢力**。

顧宏義《細說宋太祖》：
「在趙光義的全力經營下，趙光義的政治勢力大為發展。」

這麼明顯的事，

自然是有喵去**打小報告**。

《玉壺清話・卷七》：「開寶初……殿前都虞候奏太祖（趙匡胤）曰：『晉王（趙光義）天日姿表，恐物情附之。為京尹，多肆意，不戢吏僕，縱法以結豪俊，陛下當圖之。』」

可惜哥哥並**不在意**……

《玉壺清話・卷七》：「上（趙匡胤）怒曰：『朕與晉弟雍睦起國，和好相保，他日欲令管勾天下公事。粗狂小人，敢離我手足耶？』」

就這樣，

光義喵的地位提升到了**僅次於哥哥**匡胤喵的地步。

蔡美彪《中國通史》：「趙匡義在後周時為供奉官，陳橋兵變，擁立太祖有功，建國後為殿前都虞候……後又加封晉王，位在宰相之上，成為宋太祖以下權位最高的人物。」

不過……

皇帝位還是**不一定**會**傳給他**的。

虞雲國《細說宋朝》：

「太祖晚年與光義也是頗有矛盾的，他一度考慮遷都洛陽，原因之一就是試圖擺脫光義在開封府業已形成的盤根錯節的勢力範圍。何況在歷史上，皇帝臨終易儲，也不是沒有先例。因而，對光義來說，能否繼承皇位還存在著不小的變數。」

畢竟有**哥哥**匡胤喵的**皇子在**呢，

虞雲國《細說宋朝》：

「光義雖說隱然被視為皇位繼承人，但這時太祖的兒子德昭二十六歲，德芳也已十八歲，不聞失德，也完全可以做皇帝。」

這對光義喵來說，

可**不是**一件**好事**……

西元976年十月十九日**夜裡**，
大雪紛飛。

虞雲國《細說宋朝》：
「（976年十月）十九日晚上，天氣陡變，雪霰驟降。太祖命召光義入大內……」

光義喵進宮與哥哥**喝酒**，

張其凡《宋太宗》：
「十九日晚，太祖召光義飲酒。」

在**燭光下**，
房間內**只有**他們**兄弟倆**。

《續資治通鑑長編．卷十七》：
「（976年十月）壬子，（趙匡胤）命內侍王繼恩就建隆觀設黃籙醮，令守真降神，神言：『天上宮闕已成，玉鎖開。晉王有仁心。』言訖不復降……上聞其言，即夜召晉王，屬以後事。左右皆不得聞……」

那天夜裡究竟談論了什麼，
也**沒有誰知道**。

《續湘山野錄》：
「上（趙匡胤）御太清閣四望氣……俄而陰霾四起，天氣陡變，雪雹驟降，移仗下閣。急傳宮鑰開端門，召開封王（趙光義），即太宗也。延入大寢，酌酒對飲。宦官、宮妾悉屏之，但遙見燭影下，太宗時或避席，有不可勝之狀。」

但**結果**只有一個……

那就是大宋的開國皇帝在那晚之後，
離奇地**死去**……

《東都事略．卷三》：
「九年（976年）十月癸丑（二十日），太祖崩。」

而皇帝死亡，

首先被**通知**的卻**不是皇子們**，

《續資治通鑑長編．卷十七》：
「癸丑，上崩於萬歲殿。時夜已四鼓，宋皇后使王繼恩出，召貴州防禦使德芳。繼恩以太祖傳國晉王之志素定，乃不詣德芳。」
白壽彝《中國通史》：
「趙匡胤少子秦王趙德芳，庶出……」

而是**另一個**喵，

他就是**弟弟光義喵**……

陳振《宋史》：
「開寶九年（976年）十月，太祖病重，宋皇后派親信宦官王繼恩召次子趙德芳進宮，以便安排後事。宋太祖二弟趙光義早已窺伺帝位，收買王繼恩為心腹……王繼恩奉詔後並未去召太祖的次子趙德芳，而是直接前去通知趙光義。」

此刻的光義喵在**地位**與**勢力**上，
已經**沒有誰**能**與之抗衡**。

張其凡《宋太宗》：
「到開寶末年時，光義廣羅黨羽，內外交通，勢力大盛，『威望隆而羽翼成』。」

他很自然地坐上了**皇帝**的位子，

《宋史．卷四》：
「開寶九年（976年）冬十月癸丑，太祖崩，帝（趙光義）遂即皇帝位。」

這也就是宋的第二任皇帝——
宋太宗。

聶兆華、鐘立恆《宋太宗趙光義傳》：
「（976年）十月二十一日，晉王（趙光義）即皇帝位，是為太宗。」

為了**鞏固**自己的**帝位**，
光義喵上位後做了大量工作。

張其凡《宋太宗》：「太宗以非常手段奪取帝位後，留下了『燭影斧聲』的千古之謎，身懷奪位之嫌，因此，流言四起……在這種情況下，太宗的當務之急，便是安撫人心，鞏固剛奪得的帝位。」

例如**製造**天命所歸的**輿論**，

張其凡《宋太宗》：「太宗在即位前後曾利用道士製造了許多天命有歸的符讖，為奪權作輿論準備。」

例如**解除**一些**元老**的**權力**等等。

張其凡《宋太宗》：「太宗即位後的第二個月，開寶九年（976）十二月，元老宿將——節度使趙普、向拱、張永德、高懷德、馮繼業、張美、劉廷讓等人，到京城開封朝見太宗。留京數月後，趙普罷為太子少保奉朝請，向拱以下諸人罷節度使，為諸衛上將軍。解除這一批元老宿將的權力，顯然是太宗不放心他們在地方上掌權，故以散職留在京師，以便就近控制。」

但同時光義喵也大力**發展科舉**，

虞雲國《細說宋朝》：「科舉制度創始於隋唐，宋承唐制，但也有不少完善和改革。太宗在這一方面的重要舉措，就是大開科舉之門。」

逐漸讓**文官占據**了自中央到地方的**各級職位**，

虞雲國《細說宋朝》：「到太宗後期，太宗通過大開科舉之門，已經使由自己錄取的士人，占據了從中樞機構到州縣幕職的大小官位，從而宣告了宋朝文官統治的真正確立。」

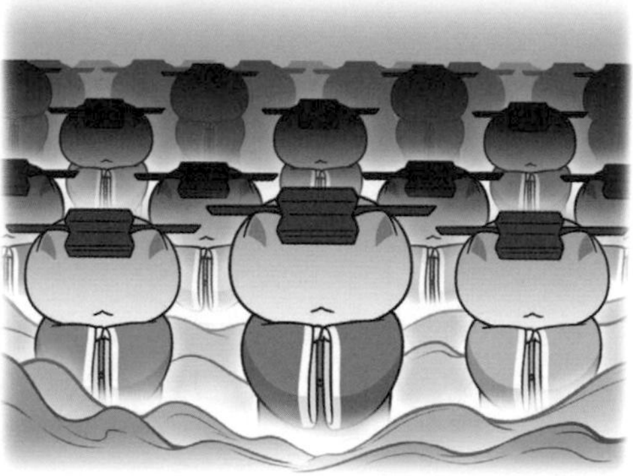

徹底**結束**了**武將威脅皇權**的局面，

聶兆華、鐘立恆《宋太宗趙光義傳》：「宋太宗繼宋太祖之後，改革官制和行政制度，進一步加強了封建主義中央集權，徹底解除了地方節度使顛覆中央政權的威脅，有助於社會秩序的安定和社會經濟的恢復和發展。」

確立了宋朝**以文官統治國家**的國策。

張其凡《宋太宗》：
「太宗時期，還優遇文臣，提倡文事，刻意提高文臣地位，從而最終確立了文官統治局面。」

重文輕武的政治環境
確實讓**民生經濟**和**文化**得以快速**發展**，

張其凡《宋太宗》：
「太宗時期，基本實現了統一，經濟有所發展，文化事業大有發展，政治上大致沿襲了太祖時期的政策，使整個社會依然呈現出向前發展的勢頭。」

但光義喵過度打壓武將的做法，
也**破壞**了哥哥匡胤喵設計好的**軍事平衡**。

傅樂成《中國通史》：
「太祖（趙匡胤）雖以加強禁軍為『強幹』的要務，但當時藩鎮的武力猶強，節度使大多數仍為武人……到太宗（趙光義）即位，繼續削弱藩鎮……從此中央益強，地方益弱，漸至失去平衡。」

致使武將地位下降，
從而導致宋朝的**軍事力量**日漸**衰弱**，

傅樂成《中國通史》：
「『強幹弱枝』的國策造成的另一病象是重文輕武，這病象自太宗時起日益顯著。由於宋室信用文人，科舉為世所重，成為士人競趨的對象；相反的，軍人遭受卑視，其素質及社會地位，也因而日益低落。宋代的兵多而弱，與此大有關係。」

這是**非常危險**的事情。

傅樂成《中國通史》：
「此外宋室對統兵將帥的猜防，也始終不懈，對於具有勇略的將領，疑忌尤深。所信用者大都才調平庸，不足制敵。而統兵大員，也多用文官，以沒有戰陣經驗的文人主持軍事，自然敗事者居多。」

而此時在宋的**北面**，
還有一個不可忽視的**對手**，

那就是**遼**。

白壽彝《中國通史》：
「宋自建國之日起就同遼保持著對峙的局面，遼一直是宋在北方邊境上的威脅。」

這個曾經被趕回北方的政權，
此刻又在上演**什麼故事**呢？

（且聽下回分解。）

編者按

在史學界，關於趙光義究竟是否合法即位，歷來都有爭議。根據《東都事略》等史書記載，匡胤、光義二人的母親杜氏在去世前曾囑咐前者傳位給後者，史稱「金匱之盟」，加上光義曾一度受到匡胤器重，近代史學家谷霽光等就提出了「太祖之願傳太宗」的觀點。反對者如張蔭麟、鄧廣銘等史學家則認為：一是「金匱之盟」的親歷者後來都死無對證，相關記載也互相矛盾，難以自圓其說；二是趙匡胤死前身體健康，年僅五十歲，光義在其死後上位得過於迅速。因此，僅管事件的細節已不可考，但從種種跡象來看，趙光義很可能與太祖之死有關。

參考來源：《宋史》、《東都事略》、《玉壺清話》、《續湘山野錄》、《續資治通鑑長編》、陳振《宋史》、張其凡《宋太宗》、白壽彝《中國通史》、傅樂成《中國通史》、蔡美彪《中國通史》、虞雲國《細說宋朝》、顧宏義《細說宋太祖》、竺沙雅章《宋太祖與宋太宗》、聶兆華和鐘立恆《宋太宗趙光義傳》

【開卷有益】

趙光義公務再忙，
也會一天讀三卷書，
還常常告訴大家讀書有好處，
從這以後，
成語「開卷有益」就流傳開來。

【雪中送炭】

趙光義很關心民生，
有一年冬天特別冷，
他便讓手下給窮苦百姓
送去炭、食物，
成語「雪中送炭」就是這麼來的。

【書法大家】

趙光義是個喜愛書法的皇帝，
他能寫草、隸、行、八分、篆、飛白
六種書法字體，
而且都很精妙。

百群喵檔案

年糕小劇場

《看題》

《七夕》

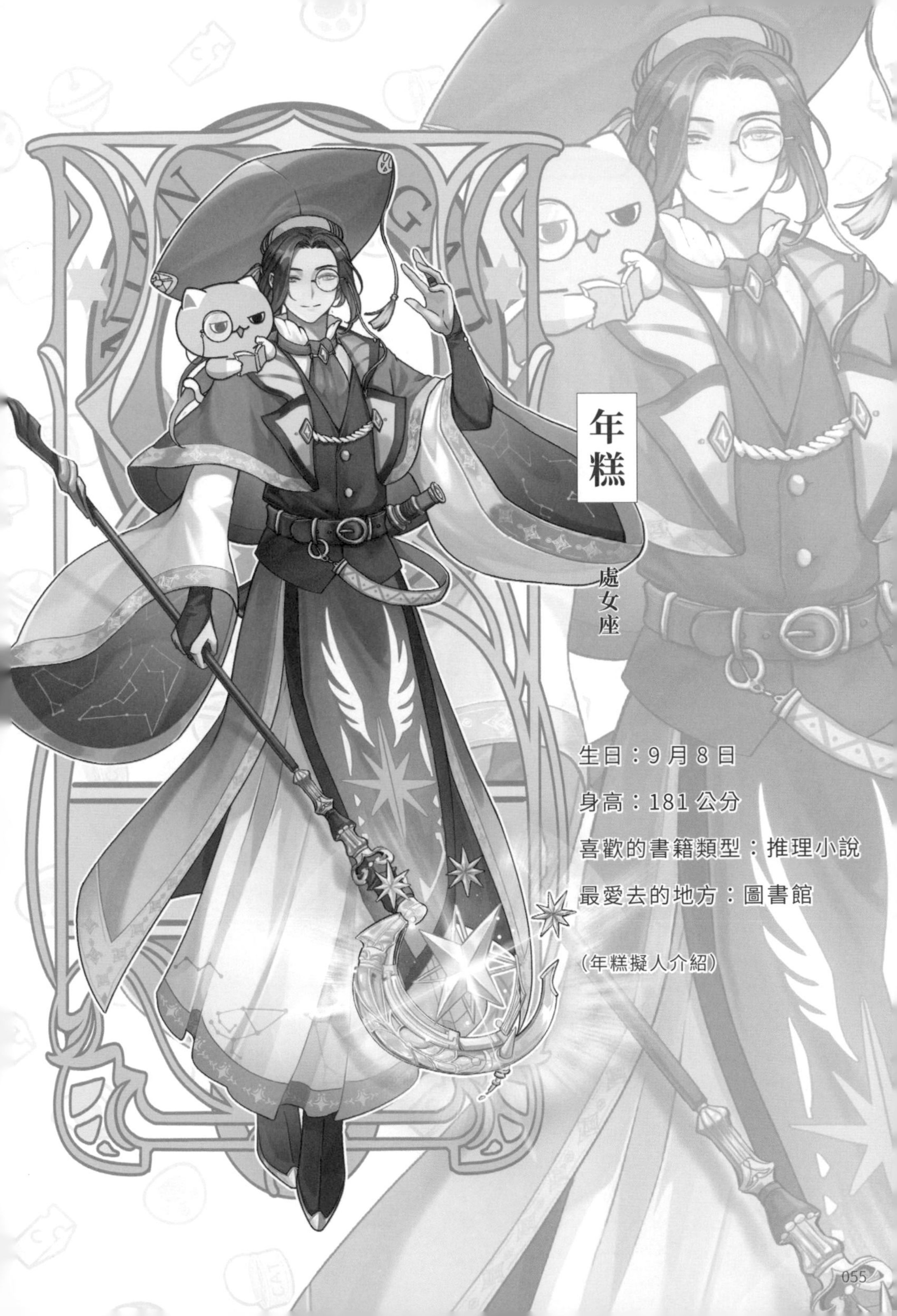
年糕
處女座
生日：9月8日
身高：181公分
喜歡的書籍類型：推理小說
最愛去的地方：圖書館

（年糕擬人介紹）

年糕的機甲
Niangao's Mecha

第一百一十六回◉蕭后興遼

在經歷完制度**改革**和皇位**更替**後，
宋朝的統治終於**穩固**了下來。

虞雲國《細說宋朝》：
「宋太祖以一軍旅武將奪得天下……做了兩件大事：第一，基本統一了南方，並為統一全國打下了堅實的基礎；第二，強化了中央集權，徹底消弭了中唐以來造成地方割據的動亂因素。」
張其凡《宋太宗》：
「五代分崩離析的局面，到宋太宗太平興國四年（979），基本結束。」

然而在它的**北邊**還有一個**敵對勢力**，

白壽彝《中國通史》：
「宋自建國之日起就同遼保持著對峙的局面，遼一直是宋在北方邊境上的威脅。」

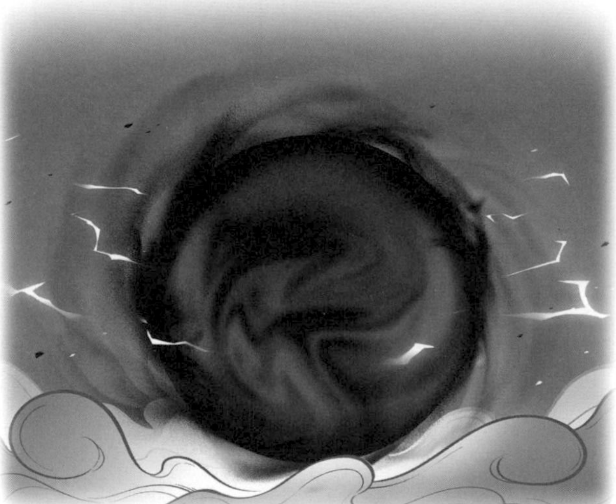

這就是**契丹喵們**建立的**遼朝**。

《東都事略．卷一二三》：
「遼國即契丹也……阿保機強併八部為一部，乃僭稱皇帝，自號天皇王，稱年曰神冊……唐天成元年（926年）阿保機死，德光立……天福三年（938年），改元曰會同，國號大遼。」

在五代十國時期，
契丹喵們經常南下**掠奪漢喵們**。

韓國磐《隋唐五代史綱》：
「在阿保機時，契丹已在當時北方建立起一個強大的政權了。不但統一了契丹八部，征服了附近的奚、著、室韋等部，並且滅掉東北的渤海，同時，不斷地南擾中原。」

他們不僅**拿走**了漢喵們的**燕雲十六州**，

軍事科學院《中國軍事通史》：
「燕雲十六州（包括今北京市、河北與山西北部、內蒙南部的大片地區）歷來多為我國中原王朝直接統轄的地區。」
張蔭麟、呂思勉《國史十六講》：
「太祖（耶律阿保機）死於九二六年，次子太宗（耶律德光）立。越十年，而石晉來求援，安坐而得燕雲十六州。兩河之地，遂為契丹所控制。」

還曾經**入侵過**整個**中原**，

張岂之《中國歷史・隋唐遼宋金卷》：
「會同七年（後晉開運元年，944）耶律德光乘後晉全國發生嚴重旱災之機，率軍南下，兩年後契丹占領開封……形式上實現了中原和塞北的統一。」

可以說**稱霸一時**。

蔡美彪《中國通史》：
「會同十年（九四七年）正月，太宗（耶律德光）進入晉都開封。」「遼兵一路四出擄掠……進開封後，俘擄了晉出帝，並把後晉宮女、宦官以及方技、百工、圖籍、曆象、石經、銅人、明堂刻漏、太常樂譜等運走。」

呃，可惜……

也**就「風光」**了**一會兒**。

朱紹侯《中國古代史》：
「遼太宗進入開封後，穿著漢族皇帝的服裝，接受百官朝賀。二月，改國號為遼，改年號為大同（947年）。」「遼兵進入華北和中原後，將領們常以牧馬為名，縱兵四出劫掠……為了抗擊契丹軍隊的野蠻蹂躪，華北和中原地區的人民紛紛組織義軍……給入侵的遼軍以沉重打擊，從而粉碎了遼太宗（耶律德光）稱帝中原的企圖……」

後來吃了**敗仗**，
契丹喵也就**撤回**到**北邊去**了。

顧宏義《遼宮英后．細說蕭太后》：「在五代中期，遼太宗（耶律德光）率兵南下汴京（今河南開封），滅亡後晉政權，但因各地反抗不絕，而狼狽北還，死於歸途。」

從那時起，
遼朝就開始了長時間的**內鬥**。

顧宏義《遼宮英后．細說蕭太后》：「述律太后以陰謀秘策讓遼太宗（耶律德光）登上帝位，迫走東丹王耶律倍，由此契丹貴族內部矛盾不斷激化，至遼太宗死後，終於為爭奪帝位而兄弟間兵戎相見。」

遼皇帝要麼**被幹掉**，

《遼史．卷五》：「世宗孝和莊憲皇帝，諱阮，小字兀欲……（951年）九月康申朔，自將南伐……癸亥，祭讓國皇帝於行宮。群臣皆醉，察割反，帝遇弒，年三十四。」

要麼只知道**享樂**。

《遼史・卷六》：
「穆宗孝安敬正皇帝，諱璟，小字述律。太宗皇帝長子……天祿五年（951年）九月癸亥，世宗遇害。逆臣察割等伏誅。丁卯，即皇帝位……」
《遼史・卷七》：
「穆宗在位……諭臣下濫刑切諫，非不明也。而荒耽於酒，畋獵無厭。」

反正遼的朝政就是搞得**一團糟**……

李桂芝《遼金簡史》：
「穆宗昏庸殘暴，在位的18年是遼朝政治的黑暗時期。」「天祿五年（951年）火神淀之亂，世宗被殺。太宗子耶律璟即位，是為穆宗……他統治期間，契丹貴族奪權活動頻繁，社會秩序極不穩定。」

幸好這時，
一位**政治家**的出現大大地**推動**了整個遼朝的**轉變**。

她，就是承天太后——

蕭ㄒㄧㄠ**綽**ㄔㄨㄛˋ**喵**。

《遼史・卷七十一》：「景宗睿智皇后蕭氏，諱綽，小字燕燕……統和元年（983年），上尊號曰承天皇太后。」

蕭綽喵光**出身**就十分**尊貴**，

爸爸是**遼朝大官**，

媽媽則是**公主**。

顧宏義《遼宮英后・細說蕭太后》：「蕭皇后蕭燕燕的父親蕭思溫出身於遼代著名的國舅別部，其母耶律呂不古為遼太宗的長女，故而其身世甚是顯赫與尊貴。」

簡直貴氣「爆棚」！

後來她爹還因為**幫助**皇帝**上位**有功，

《遼史．卷八》：
「應曆十九年（969年）春戊辰，入見，穆宗曰：『吾兒已成人，可付以政。』己巳，穆宗遇弑，帝（遼景宗）率飛龍使女里、侍中蕭思溫、南院樞密使高勳率甲騎千人馳赴。黎明，至行在，哭之慟。群臣勸進，遂即皇帝位於柩前。」

官職更是噌噌噌地往**上升**。

《遼史．卷八》：
「（969年）三月丙戌，（遼景宗）入上京，以蕭思溫為北院樞密使……甲午，以北院樞密使蕭思溫兼北府宰相。」

而作為**功臣**的女兒，
蕭綽喵**自然**也就進宮做了**妃子**，

顧宏義《遼宮英后·細說蕭太后》：「為強化自己的權位，遼景宗當上天子不久，就使出了歷代帝王屢試不爽的招數，政治聯姻：與『翼戴』功臣蕭思溫聯姻，娶蕭家三女兒蕭燕燕為妻。」

顧宏義《遼宮英后·細說蕭太后》：「蕭燕燕十七歲時被遼景宗耶律賢納為貴妃，隨即被冊立為皇后。」

很快又成了**皇后**。

蕭綽喵的**老公**其實是個**不錯的**皇帝，

《遼史·卷九》：「保寧而來，人人望治。以景宗之資，任人不疑，信賞必罰……」

他**很有**治理好國家的**熱情**，

顧宏義《遼宮英后・細說蕭太后》：「遼景宗即位以後，順應『人人望治』的願望，圖謀通過政治革新以改變遼朝『中衰』的局面。」

但……卻是個**病秧子***，

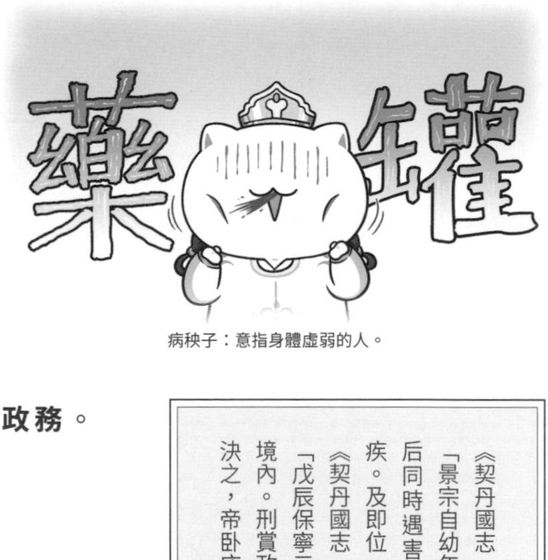

病秧子：意指身體虛弱的人。

《契丹國志・卷六》：「景宗諱明記，更名賢，世宗兀欲子也……火神淀弒逆之時，述軋之害世宗，併及於后，復求帝（遼景宗）殺之。帝時年九歲，御廚尚食劉解里以氈束之，藏於積薪中，由是得免。及即位，嬰風疾，多不視朝。」

所以讓蕭綽喵**幫**著**處理政務**。

《契丹國志・卷十三》：「景宗自幼年遭火神淀之亂，世宗與后同時遇害，帝藏積薪中，因此嬰疾。及即位，國事皆燕燕決之。」
《契丹國志・卷六》：「戊辰保寧元年（969 年）。遼大赦境內。刑賞政事，用兵追討，皆皇后決之，帝卧床榻間，拱手而已。」

然而這個情況**卻引來**了一些**奸臣**的**不滿**，

嘿嘿嘿！
讓你知道厲害……

顧宏義《遼宮英后・細說蕭太后》：
「如《契丹國志》所云，當時遼朝『刑賞政事，用兵追討，皆蕭皇后決之，遼景宗拱手於床榻而已』。為此，甚具野心的高勛、女里便設計暗殺了蕭思溫，以削弱蕭皇后的勢力。」

幸好他們並**沒有**起到啥**作用**。

驚恐

顧宏義《遼宮英后・細說蕭太后》：
「不過，高勛、女里之用意並未能實現。」

皇帝反而**強調了**蕭綽喵的地位，

以後皇后的意思就是我的意思！

《遼史・卷八》：
「（遼保寧）八年（976年）春正月癸酉，宋遣使來聘。二月壬寅，（遼景宗）諭史館學士，書皇后言亦稱『朕』暨『予』，著為定式。」

這倒是搞得**奸臣們**自己**被收拾**了。

《遼史·卷九》：「（978年）五月癸卯，（遼景宗）賜女里死，遣人誅高勛等。」

在蕭綽喵的配合下，
皇帝的工作**進展**得很**順利**，

顧宏義《遼宮英后·細說蕭太后》：「史稱遼景宗『任人不疑，信用必賞』，摒棄了此前不少弊政，並重用漢人官僚……這種讓漢人官員進入契丹中樞機構的做法，既是契丹社會經濟、文化不斷發展的需要……當然，由於遼景宗的健康原因，這一變革主要在蕭皇后的幕後主持下展開。」

不僅遼朝內部**穩定**了**不少**，

顧宏義《遼宮英后·細說蕭太后》：「遼景宗通過一系列的改革，使得內部政治較前大為穩定……」

經濟也有了一定的**發展**。

顧宏義《遼宮英后・細說蕭太后》：
「……農牧業也得到了較好的發展，『年穀屢豐』。」

眼看著一切**都挺好的**，

白壽彝《中國通史》：
「應曆十九年（969）遼穆宗被宗室妻國殺死，景宗即位。蕭綽以皇后身份參與國事，她與景宗『任人不疑，信賞必罰』，扭轉了自穆宗以來遼朝治理上的混亂……」

可病秧子皇帝……突然就**病死了**……

張豈之《中國歷史・隋唐遼宋金卷》：
「乾亨四年（982）九月，景宗病故……」

留下個十二歲的**小崽子**。

《續資治通鑑長編．卷二十三》：
「契丹主明記卒，謚景宗孝成皇帝。有子三人，曰隆緒、隆裕、隆慶……隆緒才十二歲。」

這……簡直是**謀朝篡位**的經典**劇情**啊！

白壽彝《中國通史》：
「乾亨四年（982）……景宗後『當朝雖久，然少姻媛助，諸皇子幼稚，內外震恐』……太后以寡母弱子面對虎視最高權力的宗室諸王，勢孤力單，處境艱危，形勢嚴峻。」

幸好……還有蕭綽喵**在**。

臨危不懼的她先是下令**削去**諸王們的**兵權**，

《契丹國志．卷十八》：

「景宗疾亟……時諸王宗室二百餘人擁兵握政，盈布朝廷。后（蕭綽）當朝雖久，然少姻媛助，諸皇子幼稚，內外震恐。隆運請於后，易置大臣，敕諸王各歸第，不得私相燕會，隨機應變，奪其兵權。」

接著又**把**他們的**老婆扣了起來**。

《契丹國志．卷十八》：

「時趙王等俱在上京，隆運奏召其妻子赴闕。」

諸侯王們真是被搞得一點脾氣**都沒有**……

顧宏義《遼宮英后．細說蕭太后》：

「此時有宗王多人留守上京，並未隨天子（遼景宗）來到秋獵之地，所以韓德讓又奏請蕭皇后悉召『其妻子赴闕』，使這些宗王因妻子、兒女在蕭皇后的掌控之下，而有所顧忌。」

經過這些手段，
小皇帝才**順利**得以**繼位**。

《遼史．卷十》：
「聖宗文武大孝宣皇帝，諱隆緒，小字文殊奴。景宗皇帝長子，母曰睿智皇后蕭氏……（遼乾亨）四年（982年）秋九月壬子，景宗崩。癸丑，即皇帝位於柩前……」

而老公雖然死了，
國家的**改革**可是**不能停**的。

於是乎，
蕭綽喵遵循著原定的路線，正式**臨朝聽政**。

傅樂成《中國通史》：
「太平興國七年（982），遼景宗死，聖宗繼位，時年十二，由帝母蕭太后主政。」

這也就是歷史上著名的
「承天太后攝政」時期。

顧宏義《遼宮英后·細說蕭太后》：
「統和元年（983年）五月，遼聖宗詔令近臣商議皇太后『上尊號冊禮』……六月，遼聖宗率大臣百官上皇太后尊號曰承天皇太后。七月一日，蕭太后正式臨朝聽政，參決軍政大事，由此開始了遼代歷史上著名的『承天太后攝政』時期。」

當政後的蕭綽喵更加**著力於**國家的**改革**。

顧宏義《遼宮英后·細說蕭太后》：
「蕭太后鑑於自遼穆宗以來的『中衰』局面雖有所好轉，但契丹社會矛盾依然十分嚴重，而且『族屬雄強，邊防未靖』……因此，她在攝政之後，依靠蕃漢大臣，在政治、軍事、經濟諸方面進行大膽改革。」

遼朝的亂，
其實說到底還是**中央權力不夠**導致的。

張豈之《中國歷史·隋唐遼宋金卷》：
「由於根深蒂固的氏族部落社會舊傳統的影響，遼朝的皇權很脆弱。」

貴族們**時不時**就想**搞事**，

張豈之《中國歷史·隋唐遼宋金卷》：
「皇族內部不斷有人覬覦皇位……」

為了解決這個「病根」，
蕭綽喵上來就要搞定貴族們，

不僅**沒收**他們的**軍隊**和**奴隸**，

顧宏義《遼宮英后．細說蕭太后》：
「蕭太后首先設法奪回諸宗王的兵權，將軍隊牢牢控制在手。即通過把貴族所擁有的部曲落籍於州縣、奴隸編為部民、沒收部分頭下軍州等方法，限制大首領部落軍的規模，以削弱其對皇權的威脅。」

還把最強士兵**調配到中央**。

顧宏義《遼宮英后．細說蕭太后》：
「如《契丹國志》所載，契丹『國中所管幽州漢兵，謂之神武，控鶴、羽林、驍武等，皆太后自統之』。蕭太后為保持禁軍的精悍驍勇……詔北皮室軍（皮室軍為契丹部族精兵之一）『落不任事者免役』，命諸道軍將勇健者之名上報朝廷。」

這麼一來，
貴族們也就**失去**了對抗中央的**資本**……

而面對**百姓**，

蕭綽喵更是**加大**了**改善**措施，

白壽彝《中國通史》：

「承天太后和遼聖宗留心民情，注意減輕人民負擔，賑濟災貧，採取了一些安定社會秩序和發展生產的措施。」

例如**減免賦稅**，

顧宏義《遼宮英后．細說蕭太后》：

「針對契丹國內賦稅沉重、征戰繁多等情況，蕭太后採取了一些減免賦稅、獎勵開墾、賑濟災荒、發展生產等措施。據《遼史．聖宗紀》不完全統計，蕭太后當政時，遼廷頒行有關減免賦稅和賑濟災民的詔令多達三十九次。」

獎勵開墾等等。

白壽彝《中國通史》：

「承天太后和遼聖宗還多次遣使諸道勸農，視禾稼，禁止諸軍官非時畋獵妨農，行軍中禁止士卒出營劫掠，禁部從伐民桑棗，禁芻牧傷禾稼……」

整個蕭綽喵**當政期間**，

遼進一步**學習漢政權**的統治理念和方法，

顧宏義《遼宮英后．細說蕭太后》：

「蕭太后深知要鞏固其統治、讓遼國強盛，必須順應歷史發展，進一步效法中原漢族政權的一整套統治理念和方法，在契丹實現封建化。」

使契丹社會在**經濟**、**文化**層面上迅速**發展**。

白壽彝《中國通史》：

「自保寧元年（969）景宗即位至聖宗統和二十七年（1009），承天太后先後以皇后和太后的身份執掌朝政40年，在政治、經濟、軍事領域進行了一系列改革，增強了遼朝的國力，推進了遼朝的封建化進程。」

自**十七歲**開始，

蕭綽喵就**參與政務**，

顧宏義《遼宮英后．細說蕭太后》：

「蕭太后自十七歲入皇宮為皇后之後，因遼景宗健康問題以及遼聖宗幼年繼位，故始終執掌朝政。」

不僅**輔助**了遼朝**兩代**皇帝，

還實現了遼朝的「**中興**」，

顧宏義《遼宮英后・細說蕭太后》：
「經過蕭太后的多年努力，遼朝不僅扭轉了遼穆宗時期混亂衰敗的局面，而且承繼『景宗中興』之後，尚文修武、興邦安國，從而使得遼聖宗時期國勢昌運、國力強盛。」

可以說是位極其**優秀**的**政治家**。

顧宏義《遼宮英后・細說蕭太后》：
「蕭太后亦由此成為遼代歷史上、甚至是中國古代史上著名的女政治家、女軍事家。」
《遼史・卷七十一》：
「景宗崩，尊為皇太后，攝國政……后明達治道，聞善必從，故群臣咸竭其忠。」

然而，遼的發展必定**關係到**相鄰的**宋朝**。

李桂芝《遼金簡史》：
「隨著國勢的增強，遼朝對周邊各國家、政權的影響也日益擴大。」
軍事科學院《中國軍事通史》：
「北宋建立之初，僅是繼承了後周的疆土。其疆域，東臨海……北與契丹、北漢、定難軍交界。」

面對強大起來的遼，
宋又將**如何應對**呢？

（且聽下回分解。）

編者按

遼國的皇后大都出自蕭氏一族，然而今天人們提到「蕭太后」，卻一般特指承天太后蕭綽，這是因為蕭綽在遼國歷史上具有重要的地位。蕭綽進入遼的政治中心時，遼正面臨著發展的重要轉折時期，燕雲十六州的併入帶來了先進的漢族思想和理念，也推動了遼的經濟文化發展，契丹落後的氏族部落制度已經無法適應國家發展的需要。然而，遼初的皇帝往往更重視開疆拓土和皇權鬥爭，卻沒有看到國家制度建設的重要性。直到遼景宗登基，蕭綽執政，才借鑑中原皇朝的統治經驗，大力整頓吏治，大大推動了遼的封建化進程。正是在蕭綽的帶領下，遼才逐漸走向了盛世。

蕭綽——湯圓（飾）

參考來源：《遼史》、《契丹國志》、《東都事略》、《續資治通鑑長編》、張其凡《宋太宗》、李桂芝《遼金簡史》、虞雲國《細說宋朝》、白壽彝《中國通史》、傅樂成《中國通史》、蔡美彪《中國通史》、朱紹侯《中國古代史》、韓國磐《隋唐五代史綱》、軍事科學院《中國軍事通史》、張蔭麟和呂思勉《國史十六講》、顧宏義《遼宮英后·細說蕭太后》、張豈之《中國歷史·隋唐遼宋金卷》

附錄

【倒楣皇帝】

蕭綽的丈夫遼景宗小時候特別慘，
親眼目睹父母被殺，
自己則是藏在一堆柴火裡
才躲過一劫。

【羨慕嫉妒恨】

蕭綽成為皇后以後，
她爹也一路升官。
結果有幾個大臣眼紅蕭家的發達，
把她爹給殺了。

【做事認真】

蕭綽從小就聰明，
而且做事很認真。
小時候家裡幾個姐妹一起打掃衛生，
只有蕭綽會打掃乾淨。

一群喵檔案

湯圓小劇場

《還是回去吧》

《真的嗎》

湯圓

水瓶座

生日：2 月 14 日

身高：168 公分

喜歡的書籍類型：時尚雜誌

最愛去的地方：時裝店

（湯圓擬人介紹）

湯圓的機甲
Tangyuan's Mecha

第一百一十七回◉澶淵之盟

宋雖然是一個**統一皇朝**，

薩孟武《中國社會政治史．宋元明卷》：「陳橋兵變，宋太祖入踐帝位，太宗繼之，經兩代的努力，先取荊湖，西滅蜀，南平漢，遂並江南，吳越入朝，北漢歸附，於是天下復歸統一。」

但**疆域**卻並**不完整**……

因為有很大一塊**土地**其實**在**北邊的**遼國**手中。

軍事科學院《中國軍事通史》：「遼軍南下襲擾宋境，除恃其雄厚的軍事實力外，還仰仗從後唐叛將石敬瑭手中割取了燕雲十六州。燕雲十六州地處今河北和山西北部，地勢險要……在戰略上具有十分重要的意義。」

可以說，自從五代時期**落入**到**遼國**手中後，
歷代中原皇朝**統治者都想奪回**這片土地。

《中國歷代戰爭史》：「自石敬瑭割讓燕雲十六州於契丹後，中國北方國防失去屏藩，契丹鐵騎隨意南犯，河北恆無安枕之日。周世宗郭榮曾謀積極收復失地，而中道崩殂。宋太祖趙匡胤繼之，固未嘗一日忘懷幽薊。」

到了宋朝也**一樣**，

軍事科學院《中國軍事通史》：「趙匡胤在立國之初，即有收復燕雲十六州地區的打算……待到結束五代十國割據局面，初步統一中原之後，北宋王朝便傾其全力收復燕雲……」

而如今的宋朝**統治者**，
正是它的第二任皇帝——**光義喵**。

周婧《宋太祖及其黃袍加身的老友新朋》：「趙光義（939—997），北宋第二代皇帝……」

光義喵**雖然是皇帝**了，

白壽彝《中國通史》：

「開寶九年（太平興國元年）十月，皇弟趙光義奪位，是為宋太宗。」

但他有點**虛**……

張其凡《宋太宗》：

「太宗處心積慮，奪得帝位，皇位繼承之謎，造成統治的危機，一直像陰影籠罩於太宗時期。在此陰影之下，太宗心理壓力甚重，急於建威樹望。」

「至道元年（995）十二月，太宗曾對侍臣說，他即位之始，有『遠近騰口，咸以為非，至於二三大臣，皆舊德耆年，亦不能無異』的情況出現。」

因為皇帝位是因哥哥匡胤喵**「離奇」死亡**

才拿到手的……

顧宏義《細說宋太祖》：

「開寶九年（976年）十月二十日夜，宋代開國之君宋太祖趙匡胤猝然離世。」

《遼史．卷八》：

「（976年）十一月丙子，宋主匡胤殂，其弟炅自立……」

既**沒有**戰功又**不合**禮法的他，
難免有點**震不住場子**。

張蔭麟《兩宋史綱》：
「太宗之即位，並無太祖正式傳授之法令依據。」
陳振《宋史》：
「開寶九年（976年）十月，太祖病重，宋皇后派親信宦官王繼恩召次子趙德芳進宮……宋太祖二弟趙光義早已窺伺帝位，收買王繼恩為心腹……王繼恩奉詔後並未去召太祖的次子趙德芳，而是直接前去通知趙光義。」

於是乎，把土地從遼國那裡**拿回來**，
成了他**立威**的重要事項。

顧宏義《遼宮英后．細說蕭太后》：
「乾亨元年（979年，宋太平興國四年）五月末，一心想建立蓋過其兄宋太祖殊勳的宋太宗，欲乘攻滅太原之餘威，一戰而下燕京城，盡收燕雲失地，一統天下。」
虞雲國《細說宋朝》：
「太宗急於完成統一大業，既證明自己是太祖當之無愧的繼承者，以提高個人的威望，也可以轉移朝野的視線，不再對他繼位的合法性說三道四。」

其實在**剛上位**時，
光義喵就**主動打過**一次遼國。

軍事科學院《中國軍事通史》：
「太平興國四年（979年）五月初六，宋軍消滅北漢時，在太原集結了數十萬部隊。趙光義在當月即企圖乘戰勝的餘威，一舉奪取燕雲地區。」

可惜……打**敗了**……

翦伯贊《中國史綱要》：

「979年宋滅北漢，割據局面結束，宋太宗乘勝移師河北。幽州周邊的易、涿、順、薊諸州都望風歸附。六月下旬，宋太宗親自指揮圍攻幽州城的戰役，十五日不能下。其後遼的援兵大至，橫擊宋兵於高梁河上，宋兵大敗。」

還**逃得**很**狼狽**……

《遼史．卷九》：

「乾亨元年（979年）……秋七月癸未，沙等及宋兵戰於高梁河，少卻；休哥、斜軫橫擊，大敗之。宋主（趙光義）僅以身免，至涿州，竊乘驢車遁去。甲申，擊宋餘軍，所殺甚眾，獲兵仗、器甲、符印、糧饋、貨幣不可勝計。」

在那之後，

宋、遼兩國因**誰也吃不掉誰**，

傅樂成《中國通史》：

「高粱（梁）河之役後，宋遼在邊境上的衝突，仍不止息，但雙方都無多大進展。」

平靜了一段時間。

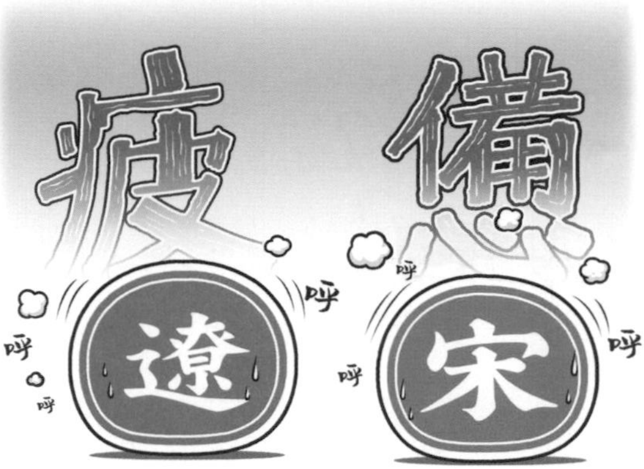

蔡美彪《中國通史》：

「宋兵對遼作戰失敗後，是繼續作戰收復燕雲，還是從此休兵，宋朝內部出現了不同的主張……在主和意見的影響下，太宗在九八一年詔令沿邊州縣守邊境，不得出關。宋遼暫時休戰。」

那麼又是**啥事情**，

讓光義喵又**覺得自己行了**呢？

因為他收到了一個消息，

遼國那邊的**皇帝「掛了」**，

傅樂成《中國通史》：「太平興國七年（982），遼景宗死……」

而且只留下了12歲的**小崽子**和年輕的**太后**，

傅樂成《中國通史》：「……聖宗繼位，時年十二，由帝母蕭太后主政。」

這讓光義喵**十分高興**。

《續資治通鑑長編．卷二十七》：「雍熙三年（986年）……知雄州賀令圖與其父岳州刺史懷浦……等相繼上言：『……契丹主年幼，國事決於其母，其大將韓德讓寵幸用事，國人疾之，請乘其釁以取幽薊。』上（趙光義）遂以令圖等言為然，始有意北伐。」

然而，他只知道遼國的**新皇帝小**，

虞雲國《細說宋朝》：

「太宗誤信邊將的報告，認為『契丹主少，母后專政，寵幸用事』。從表面現象來看，遼聖宗這年才十六歲，說得上是『主少』……」

但卻不知道新皇帝有一個**厲害的老媽**。

是的，
這就是承天太后**蕭綽喵**！

顧宏義《遼宮英后・細說蕭太后》：

「蕭太后小名燕燕，是遼景宗耶律賢的皇后、遼聖宗耶律隆緒之母，在遼景宗死後主持遼朝國政，尊為『承天皇太后』。」

蕭綽喵雖然**年紀輕輕**，

虞雲國《細說宋朝》：「承天太后，即景宗皇后蕭綽，小字燕燕……景宗死時，她以皇太后攝政，年僅三十。」

但**手段**卻很**高明**。

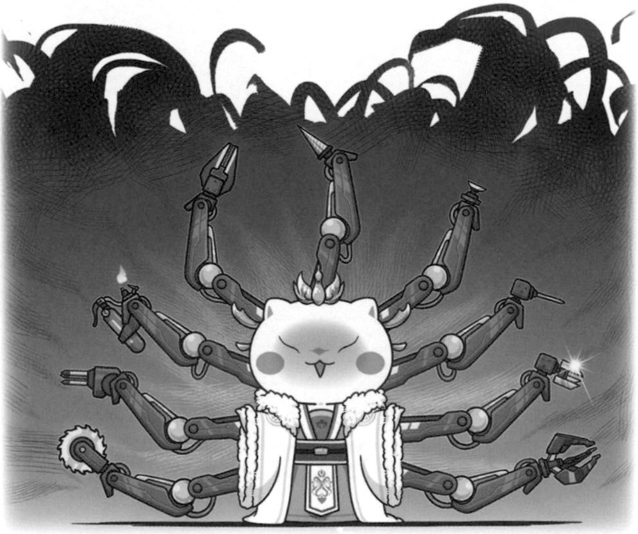

軍事科學院《中國軍事通史》：「蕭綽是個具有統治經驗的人物，史書稱她『明達治道，聞善必從』，在遼國掌握軍政大權。」

在她的治理下，
遼國不僅**重整旗鼓**，

顧宏義《遼宮英后．細說蕭太后》：
「經過蕭太后的多年努力，遼朝不僅扭轉了遼穆宗時期混亂衰敗的局面，而且承繼『景宗中興』之後，尚文修武、興邦安國，從而使得遼聖宗時期國勢昌運、國力強盛。」

實力還**更強**了。

軍事科學院《中國軍事通史》：
「雍熙三年（遼統和四年，986年）正月，遼政府命樞密使耶律斜軫為都統，討伐女真族。在這次作戰中，遼軍虜獲人口10餘萬，戰馬20餘萬匹，由是勢力更加強大。」

不過……
這個情況光義喵似乎**並不知道**……

就這樣，三十萬**宋軍**分三路**開向遼國**。

張其凡《宋太宗》：

「雍熙三年（986）正月和二月，宋軍分三路出兵，進攻幽州，開始了北征行動。」「太宗此次出兵，是準備了好幾年的大規模軍事行動，僅曹彬、米信的東路兩軍，『在行之兵實二十萬』，三路大軍，不下三十萬兵力，真可謂聲勢浩大。」

面對宋軍的挑戰，

蕭綽喵**並不慌亂**。

她先是通知**前線**的軍隊**頂住宋軍**，

張其凡《宋太宗》：

「承天太后蕭氏與遼聖宗接到幽州前線的警報後，馬上派使者徵調諸部兵增援幽州，歸耶律休哥統一指揮，以當（擋）宋東路軍。」

白天**裝作**一副**要進攻**的樣子，

顧宏義《遼宮英后．細說蕭太后》：「屯駐燕京（幽州）的遼軍兵寡勢弱，耶律休哥不敢正面出戰，只是想方設法遲滯宋軍的行動……白晝則出精銳虛張聲勢……」

讓宋軍**不敢輕舉妄動**。

顧宏義《遼宮英后．細說蕭太后》：「……使宋軍將士不斷處於防禦狀態，疲憊不堪。」

晚上又派出小部隊**騷擾宋軍**，

軍事科學院《中國軍事通史》：「遼南京留守耶律休哥因兵力不足，採取避免決戰，疲憊消耗宋軍的方針。夜間用輕騎出入曹、米兩軍間，殺其單弱以威脅餘眾……」

使得宋軍**不敢睡覺**。

陳振《宋史》：
「面對宋軍主力曹彬東路軍佔領燕京南部大片地區的形勢，遼南京留守耶律休哥在援軍尚未到達，守軍勢單『力寡，不敢出戰』的情況下，採取夜間以輕騎襲擊宋軍，使宋軍不能很好休息。」

還派兵專門**攻擊**宋軍**運糧的隊伍**，

《遼史．卷八十三》：
「統和四年（986年），宋復來侵……休哥力寡，不敢出戰。夜以輕騎出兩軍間，殺其單弱以脅餘眾；晝則以精銳張其勢，使彼勞於防禦，以疲其力。又設伏林莽，絕其糧道。」

搞得宋軍**吃飯**都**成問題**。

《遼史．卷八十三》：
「曹彬等以糧運不繼，退保白溝。月餘，復至。休哥以輕兵薄之，伺彼蓐食，擊其離伍單出者，且戰且卻。由是南軍自救不暇……」
《中國歷代戰爭史》：
「曹彬於三月十三日入涿州，與休哥諸軍相持于涿水之北，而糧道為遼軍所截。因此在涿州留屯十餘日，糧食告盡。」

然後自己和小皇帝帶著援軍**親自**趕往戰場。

軍事科學院《中國軍事通史》：
「宋軍各路自（986年）正月二十一日相繼出動後，遼遲至三月初六才得知宋軍大規模發動進攻的消息。蕭太后針對宋軍情況，以一部兵力先對西線宋軍進行牽制性作戰……蕭太后與遼聖宗耶律隆緒率軍進駐駝羅口（在今涿州城東北）策應。」

而**宋軍這邊**呢，

只能說不止有點**慘**。

本來遼軍就很**不好**對付了，

《遼史．卷八十三》：
「聖宗即位，太后稱制，令休哥總南面軍務，以便宜從事……休哥智略宏遠，料敵如神。每戰勝，讓功諸將，故士卒樂為之用。身更百戰，未嘗殺一無辜。」

而他們則還有一件**糟心**的事，

那就是**光義喵**。

虞雲國《細說宋朝》：
「太宗的韜略遠不能與乃兄相比，卻自以為是軍事天才，對武將的猜忌防範之心十分強烈。」

光義喵既**不敢**親自**上戰場**指揮，
又**信不過**前線**武將**，

王曾瑜《宋朝兵制初探》：
「實行將從中御，即以皇帝和某些大臣的方略和策劃，錯誤地箝（鉗）制和剝奪前方將帥的機動指揮，乃始於宋太宗。」
白壽彝《中國通史》：
「雍熙三年（986）正月，宋太宗……認為遼聖宗年幼……是攻遼的好時機。最初曾議論過由宋太宗親征，但宋太宗高梁河之戰狼狽逃跑的記憶猶新……改命曹彬、崔彥進為統帥率東路軍出高陽關……」

於是他就在京城**遠程遙控**。

虞雲國《細說宋朝》：
「雍熙三年（986年）正月，經過長期準備，宋太宗決定再次發起大規模的伐遼戰爭，史稱雍熙北征。」「雍熙北征是宋太宗親自指揮的，這次他沒有親征，而是用陣圖遙控指揮。」

要知道**戰場**可是**瞬息萬變**的，

軍事科學院《中國軍事通史》：「宋軍作戰，特別是宋太宗以來，主將又必須按皇帝預先規定的陣圖行動。這種陣圖常常不符合瞬息萬變的戰場情況……」

將領們自己**指揮**呢，

那是**違抗聖旨**。

且慢，陛下還沒下達這個命令呢！

《續資治通鑑長編．卷三十》：
「端拱二年（989 年）春正月癸巳，（宋太宗）詔文武群臣各陳備邊御戎之策……知制誥田錫奏疏曰：『……況今委任將帥，而每事欲從中降詔，授以方略，或賜以陣圖，依從則有未合宜，專斷則是違上旨……』」

可要是**硬等到**光義喵**發指令**過來，

報告！皇上說可以進攻了！

形勢又早就**變了**……

呃……
我感覺進攻不了了……

虞雲國《細說宋朝》：
「太宗、真宗兩朝陣圖最為盛行……戰爭形勢瞬息萬變，在當時通訊（信）條件下根本不可能及時反饋進行調整……」

反正就是搞得前線**宋軍混亂**得不行……

虞雲國《細說宋朝》：

「曹彬在（986年）三月進佔涿州以後，與耶律休哥的軍隊相持在涿水之北……終因糧草不濟，退守雄州以便就糧。太宗聽到這一消息，大驚失色，即派使者指示他向米信軍集結……」「曹彬只得率軍與米信軍會合……因休哥以輕騎不斷夜襲單兵落伍者，曹彬命部隊排成方陣行進，一邊行軍，一邊在兩邊挖掘壕塹……將士疲憊不堪……」

在這樣的情況下，
宋軍的結局幾乎是**必然的**。

等蕭綽喵的**援軍一到**，

《中國歷代戰爭史》：

「遼主與蕭太后……乃復四月二十日，復自南京北郊赴涿州……準備大舉反攻。」

軍事科學院《中國軍事通史》：

「蕭太后……到達涿州時，天氣酷熱，曹軍士卒已困乏不堪……特別是曹彬得知蕭太后和耶律緒隆（隆緒）率援軍南進，有會同耶律休哥軍鉗擊宋東路之勢，更感形勢不妙。」

宋軍一下子就**崩潰了**……

虞雲國《細說宋朝》：
「（986年）五月，兩軍激戰於岐溝關，宋軍以糧車環繞自衛，被遼軍包圍，成關門打狗之勢。曹彬、米信趁夜色率部突圍，渡拒馬河時，遭遼軍追擊，溺死者不可勝計……宋軍主力全線崩潰，傷亡慘重。」

光義喵的北伐，
終究還是以**慘敗**收場。

*GAME OVER：意指遊戲結束。

軍事科學院《中國軍事通史》：
「遼軍在岐溝關取得勝利後，又於（986年）七月二十七日……先後奪回了蔚州、飛狐……宋王朝對遼發動的第二次幽州之戰，又遭到慘重的失敗……」
虞雲國《細說宋朝》：
「雍熙北征是宋遼之間規模最大的一次戰役，也是宋太宗企圖收復燕雲的最後努力。這次軍事行動再次以慘敗而告終……」

這一仗打下來，
宋朝的**精銳力量**幾乎**全部打光**，

張其凡《宋太宗》：
「太宗對於宋遼戰爭的形勢，又判斷不清，一心信任親信，盲目樂觀，又貿然發動雍熙北征，結果輸得更慘，終於把宋初以來選練的能征慣戰的精銳部隊損失殆盡。」

從此，再也**無法**對遼**發起**大規模**進攻**。

軍事科學院《中國軍事通史》：
「宋遭第二次幽州之戰的慘敗以後，實際上再無力對遼發動戰略性的進攻。」

而遼國**之後**雖然**好幾次進攻**宋朝，

傅樂成《中國通史》：
「岐溝之役後，遼採取報復手段，時常遣兵寇宋，河北河東之地，屢被其禍，宋曾兩次向遼乞和，均為所拒。」
《中國歷代戰爭史》：
「太宗匡義已卒，子恒立是為真宗。入真宗之世，遼又一連四次入侵。宋於君子館戰後，河北各軍城，皆呆守挨打，不敢再有積極之行動。」

但也**沒占**到**便宜**。

虞雲國《細說宋朝》：
「從雍熙北伐失敗以後，宋遼戰爭的主動權從宋朝移向了遼朝，遼軍頻頻進擾北宋邊境州縣，但互有勝負，遼軍未占絕對優勢。」

雙方在邊境**僵持**了**很久**，

白壽彝《中國通史》：
「燕雲之戰失敗後，宋朝對遼取守勢。遼聖宗在鞏固了統治地位後，便開始了對宋朝的軍事進攻。統和十七年(999)，承天太后與聖宗親率遼軍南下，俘宋高陽關都部署康保裔（遼為避太祖諱改為康昭裔）。二十一年（1003），俘宋副部署、殿前都虞侯（候）、雲州觀察使王繼忠。二十二年（1004），兵臨澶州城下，與宋軍隔河對陣。」

終於在**西元1004年**決定**和談**，

白壽彝《中國通史》：
「戰前，契丹大將南京統軍使蕭撻凜誤觸宋軍伏弩，重傷致死，遼軍士氣受挫。王繼忠居間調停，向承天太后建議南北議和，被太后採納。又致書宋真宗，通報遼方息民止戈之意。」

這就是著名的**澶**ㄔㄢˊ**淵**ㄩㄢ**之盟**。

白壽彝《中國通史》：
「經過反覆談判，避免了一次拚死的廝殺，雙方簽定了化干戈為玉帛的『澶淵之盟』。」

澶淵之盟的簽訂，

結束了長達26年的**宋遼戰爭**。

軍事科學院《中國軍事通史》：「宋遼『澶淵之盟』的簽訂，給斷斷續續長達26年的宋遼戰爭畫上了一個句號。」

此後雙方**維持**了**一百多年**的**和平**，

軍事科學院《中國軍事通史》：「從簽署『澶淵之盟』，到宋徽宗宣和四年（公元1122年）的119年中，宋遼雙方弭兵敦好，未再以兵戎相見，『兩國享無事之福者且百年』。」

穩定的環境使兩國**社會經濟**得以**繼續發展**。

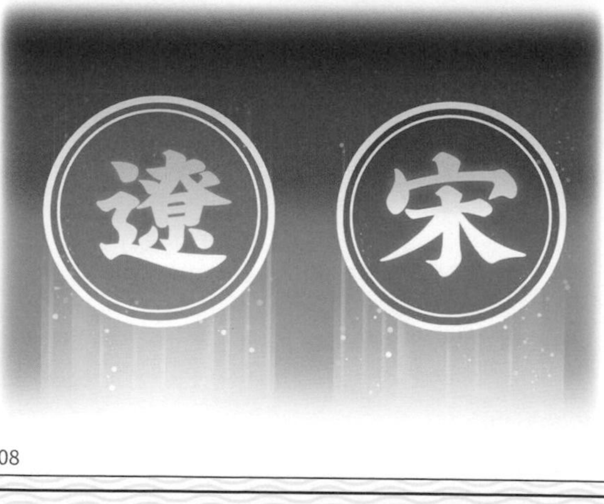

軍事科學院《中國軍事通史》：「這種和平局面，對於保障兩國人民的和平勞動，加強相互間的經濟文化交流，發展社會生產力，都起到了促進作用。」

然而在和平之下，
卻有一股**逆流**在**悄然崛起**。

它是**誰**呢？

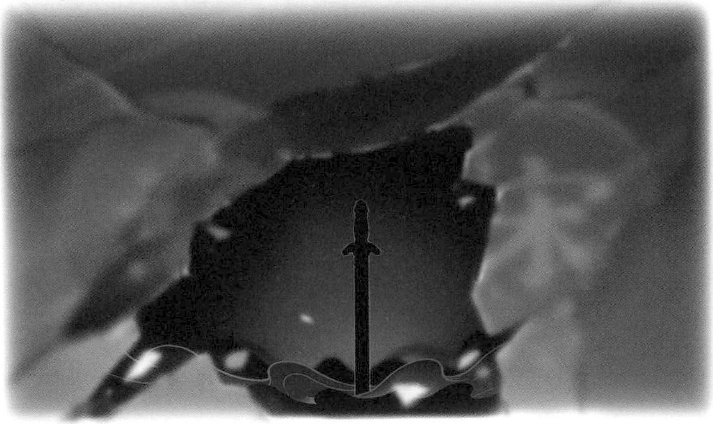

（且聽下回分解。）

編者按

關於宋朝與遼簽訂「澶淵之盟」一事，歷來的評價都是褒貶不一。事實上，在宋遼爭鋒之初，宋軍的實力並不弱，如果有好的布局和指揮，仍然有著收復失地的可能性。即使後來經歷幾次戰敗，宋朝精銳兵力消耗一空，也依然可以堅守邊疆城池，並取得一些局部戰役的勝利。而宋朝統治者的多次指揮失誤以及對遼的一味妥協，卻使得宋朝最終只能以每年向遼進獻厚禮和重金的經濟代價來換取遼的退兵和修好，因此有史學家提出，「澶淵之盟」對宋來說實際上是一個不敗而敗的可悲結局。但從另一個角度來說，「澶淵之盟」的簽訂也確實帶來了長久的和平局面，對兩國的百姓而言，對國家而言，都是一件難得的好事。

蕭綽——湯圓（飾）

趙光義——年糕（飾）

參考來源：《遼史》、《續資治通鑑長編》、《中國歷代戰爭史》、陳振《宋史》、張其凡《宋太宗》、白壽彝《中國通史》、張蔭麟《兩宋史綱》、虞雲國《細說宋朝》、傅樂成《中國通史》、蔡美彪《中國通史》、翦伯贊《中國史綱要》、顧宏義《細說宋太祖》及《遼宮英后 · 細說蕭太后》、王曾瑜《宋朝兵制初探》、軍事科學院《中國軍事通史》、薩孟武《中國社會政治史 · 宋元明卷》、周婧《宋太祖及其黃袍加身的老友新朋》

附錄

【文武雙全】

遼是個草原上的國家，
女子也擅長騎射，
所以每次打仗蕭太后都會親臨戰場，
成為少見的以武功著稱的后妃。

【致命箭傷】

趙光義在第一次北伐的時候，
被遼軍用箭射中了大腿。
此後不僅傷痛每年復發，
最後也是因此而死。

【不敢親征】

宋太宗雖然想收復燕雲地區，
但是第一次被遼軍打怕了，
第二次攻打遼時，
根本不敢親自上戰場。

百群喵檔案

拉麵小劇場

《擠地鐵 1》

《擠地鐵 2》

拉麵

雙子座

生日：6月1日

身高：180公分

喜歡的書籍類型：飲食文化

最愛去的地方：速食店

（拉麵擬人介紹）

拉麵的機甲
Lamian's Mecha

第一百一十八回◉党項崛起

羌**是華夏西部**一個古老的**民族**，

鐘侃、吳峰雲、李范文《西夏簡史》：「羌族是一個有著悠久歷史的古老民族，長期生息、繁衍、活動在祖國西部地區。」

而在這之中，
有一支**漸漸崛起**……

這就是**党項**一族。

《新五代史．卷七十四》：「党項，西羌之遺種。」鐘侃、吳峰雲、李范文《西夏簡史》：「隋末唐初，羌族中的党項族開始強盛。」

党項族一開始是**依附**於**大唐**之下的，

《新五代史．卷七十四》：
「唐德宗時，党項諸部相率內附，居慶州者號東山部落，居夏州者號平夏部落。」

作為一個小族群，
在大唐的保護下，它可以**免受欺負**。

陳佳華、蔡家藝、莫俊卿、楊保隆《宋遼金時期民族史》：
「正當党項各部相繼歸附唐朝之時，地處青藏地區的吐蕃政權……先以兵擊破吐谷渾，併吞青海地區諸羌族部落……拓跋部因在党項中勢力較強，加上有唐政府支持，始未被併。」

呃……可惜了……
唐朝後來卻**亂了**……

軍事科學院《中國軍事通史》：
「唐朝後期，朝政日漸混亂，政治非常黑暗，朋黨傾軋，宦官專權，官吏貪污，藩鎮跋扈，使得唐政權動蕩不穩。」
白壽彝《中國通史》：
「唐朝末年，相繼爆發了裘甫、龐勳與黃巢等農民起義……」

唐末的起義把唐中央搞得**焦頭爛額**。

李錫厚、白濱《遼金西夏史》：「當唐中和元年的前一年（廣明元年，即880年）底，黃巢起義軍攻入唐朝京師長安，僖宗倉皇出走至鳳翔、興元，欲逃往成都。」

然而在這個時候，
作為小弟的党項族卻很英勇地
幫了唐朝「老大哥」**一把**。

《新唐書．卷二二一》：「天寶末，平夏部有戰功，擢容州刺史、天柱軍使。其裔孫拓跋思恭，咸通末竊據宥州，稱刺史。黃巢入長安，與鄜州李孝昌壇而坎牲，誓討賊，僖宗賢之，以為左武衛將軍，權知夏綏銀節度事……賊平，兼太子太傅，封夏國公，賜姓李。」

因為這件事，
大唐劃出大片**土地**讓党項去管理。

白壽彝《中國通史》：「唐末農民大起義時，平夏部首領拓跋思恭幫助唐朝廷鎮壓黃巢起義，被任為夏州節度使，爵夏國公，再賜李姓，建夏州為『定難軍』，統轄夏、綏（今綏德）、銀（今榆林境）、宥（今靖邊境）、靜（今米脂境）五州地區……」

這就是党項一族**發展**起來的**起點**。

白壽彝《中國通史》：
「……從此開始出現以夏州為中心的党項李氏藩鎮割據勢力。」

雖然在唐之後的五代時期，
中原「老大哥」**不斷變換**，

軍事科學院《中國軍事通史》：
「從開平元年（907年）朱全忠建立後梁，到顯德七年（960年）後周王朝滅亡的54年間，為我國歷史上的五代十國時期。在黃河流域相繼出現梁、唐、晉、漢、周五個朝代，史稱後梁、後唐、後晉、後漢、後周。」

但党項族基本上保持著
在**領地**範圍內「**自治**」的狀態，

鐘侃、吳峰雲、李范文《西夏簡史》：
「自唐朝末年拓跋思恭占據夏州以來，歷經五代，党項拓跋部利用封建軍閥混戰的機會，逐漸發展壯大自己的力量，到後周末年，已經形成一個以夏州為中心的地方割據勢力。在其割據的範圍內，拓跋部貴族不僅徵收賦稅，而且任命官吏。史稱党項族拓跋部貴族『雖未稱國，而自其王久矣』。」

即便到**宋朝**建立也**依然如此**。

朱紹侯《中國古代史》：
「唐末，平夏部酋長拓跋思恭帶領軍隊到長安附近參加鎮壓黃巢起義軍……據有夏、銀（陝西米脂西北）、綏（陝西綏德）、宥（靖邊東）、靜（米脂西）五州。五代各朝都默認党項李氏對這一地區的統治，直到北宋初年仍然保持這種狀態。」

然而，一個**事件**的發生卻**改變**了這個狀態。

呃……事情是這樣的……

有一天党項族的**老首領「掛了」**，

《西夏事略》：
「唐末，拓跋思恭鎮夏州……思恭卒，弟思諫代為定難軍節度使。思諫卒，思恭孫彝昌嗣。梁開平中，彝昌遇害，將士立其族子蕃部指揮仁福。仁福卒，子彝超嗣……彝興，彝超之弟也……乾德五年（967年），卒……子克睿立……太平興國三年（978年），卒……子繼筠立……太平興國五年（980年），卒。」

但因為**兒子小**，

《西夏書事．卷三》：
「初，繼筠卒，子幼不得嗣。」

就讓**弟弟繼位**。

鐘侃、吳峰雲、李范文《西夏簡史》：
「太平興國五年（公元980年），李繼筠卒，其弟、衙內都指揮李繼捧嗣。」

可是呢，弟弟卻**不受待見**……

鐘侃、吳峰雲、李范文《西夏簡史》：

「李繼捧以弟承襲李繼筠職務，不孚眾望，引起了党項統治階級內部的不滿。」

族內就因為這事**打了起來**。

《西夏書事．卷三》：

「繼捧以季弟襲職，失禮諸父，宗族多不協。克遠素暴悍，與弟克順等率兵襲夏州。繼捧偵知，伏兵以待。克遠兵至，入伏敗死。」

這就是党項族的**內訌事件**。

李錫厚、白濱《遼金西夏史》：

「太平興國五年（980年）十月，李繼筠卒，因子幼不得嗣，以其弟銜內都指揮李繼捧嗣為留後。其時，夏州李氏政權內部因繼承問題發生內訌，銀州刺史李克遠與弟克順等率兵襲擊夏州，被李繼捧處死。」

這個事件裡，

新首領其實**挺慘的**，

不僅自己喵**不支持他**，

白壽彝《中國通史》：

「宋太平興國五年（980）十月，李光睿之子定難軍留後李繼筠死，子年幼不得嗣，由季弟時任銜內都指揮的李繼捧嗣位，從而引起党項拓跋氏宗族的內訌。」

宋皇朝也想**趁機插手**。

呵呵呵，我來幫你搞定吧，乖乖聽我的就行。
宋
党項

白壽彝《中國通史》：

「宋朝企圖藉此機會令李繼捧攜家屬入朝，向宋朝獻出党項李氏世居的銀、夏、綏、宥、靜五州之地……」

真的**好煩啊**……

党項

軍事科學院《中國軍事通史》：

「太平興國五年（980年）繼筠死，其弟繼捧襲職。時家族內部爭權奪利，紛爭激烈……繼捧在無力解決內部紛爭的情況下……」

於是乎，

他乾脆做了一個**決定**！

軍事科學院《中國軍事通史》：

「……於太平興國七年（982年）率領族人到開封朝見宋太宗。」

這就是……

把領地**給宋朝**……

《西夏書事．卷三》：「（982年）夏五月，繼捧入朝，遂獻銀、夏、綏、宥、靜五州地。」

怎麼說呢……

真是一個**出乎意料**的喵啊……

不過今天這個故事的**主角**並**不是他**，

而是一個**反對他**的喵。

戴錫章《西夏紀》：
「繼捧之先，累四世未嘗入覲。繼捧至，宋帝甚嘉之，賜白金千兩、帛千匹、錢百萬。祖母獨孤氏亦獻玉盤一、金盤三、皆厚賚之。繼捧陳其諸父昆弟多相怨懟，願留京師，乃遣使夏州，護緦麻已（以）上親赴闕。獨……居銀州，不樂內徙。」

他就是**李繼遷喵**！

白壽彝《中國通史》：
「李繼遷，党項人。唐朝時宥州刺史拓跋思忠後裔……」

繼遷喵的**祖上**是党項一族的**英雄**，

《西夏書事．卷三》：
「乾德元年（963年）春二月，銀州防禦使李光儼生子繼遷。光儼，贈宥州刺史思忠後。祖仁顏以長厚稱，仕唐為銀州防禦使。父彝景嗣於晉。」

他從小就**聰明**，

《西夏書事・卷三》：
「繼遷善騎射，饒智數。」

十歲出頭就**射死**了一隻**老虎**，

白壽彝《中國通史》：
「李繼遷生於銀州（今陝西米脂西北）無定河側的山寨中（今名李繼遷寨）。自幼喜習武，善騎射，機敏過人。十餘歲時，他帶領十餘騎隨從出獵，突然一隻猛虎從山坡撲下，李繼遷急令從騎躲入柏樹林中，自躍起攀上樹巔，引弓向猛虎發射，一箭射中虎眼，虎痛楚宛轉倒地而死……」

十二歲的時候已經**當官**了，

《西夏書事・卷三》：
「開寶七年（974年），定難軍節度使李光睿以李繼遷為管內都知蕃落使。」

可以說在党項的這片大地上，
前途一片**光明**。

可是……
新任首領卻打算**把土地交出去**，

白壽彝《中國通史》：
「太平興國七年（982），党項政權內部因承襲問題發生矛盾難於解決，新任定難軍節度留後李繼捧於五月十八日（6月22日）朝見宋太宗時，不得已向宋朝獻出所管轄的夏、銀等五州地。」

這就讓繼遷喵**非常生氣**了。

《西夏書事．卷三》：
「太平興國七年（982年）……繼遷時年二十。自兄繼捧入朝，與克文議不協，自率故部居銀州。會詔使至，護送李氏緦麻以上親赴闕，始知五州地盡歸朝廷。繼遷不樂內徙，與弟繼沖、親信張浦等謀曰：『吾祖宗服食茲土逾三百年，父兄子弟列居州郡，雄視一方。今詔宗族盡入京師，死生束縛之，李氏將不血食矣！奈何？』」

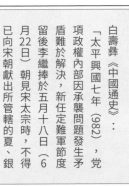

於是乎，他帶著十幾個小夥伴**決定出走**，

《宋史．卷四八五》：
「繼捧之歸宋，（李繼遷）時年二十，留居銀州，及使至，召緦麻親赴闕，乃詐言乳母死，出葬於郊，遂與其黨數十人奔入地斤澤，澤距夏州東北三百里。」

而且還到處**召集**不滿宋朝的党項喵們，

《續資治通鑑長編．卷二十五》：
「（982年）九月。初，李繼捧入朝，其弟夏州蕃落使繼遷留居銀州……偽稱乳母死，出葬郊外，以兵甲置棺中，與其黨數十人奔入蕃族地斤澤，距夏州東北三百里，出其祖彝興像以示戎人，戎人皆拜泣……」

然後組成了**反宋勢力**。

李錫厚、白濱《遼金西夏史》：
「李繼遷詐言乳母死，出葬郊外，藏兵器於棺中，率數十人出奔夏州東北三百餘里的地斤澤（今內蒙古伊克昭盟鄂托克旗東北）。繼遷並出示其曾祖拓跋思忠畫像，吸引党項拓跋氏部族參拜，以恢復祖業相號召，積聚勢力。」

呃不過……

這個**勢力**確實**有點小**，

根本**不是**宋軍的**對手**。

鐘侃、吳峰雲、李范文《西夏簡史》：
「（982年）十二月，李繼遷得悉居住在夏州一帶的党項部民對宋朝不滿的情緒日增，便乘機率眾攻夏州，但因力量薄弱，不敢與宋朝援兵作戰，退回地斤澤。經夏州一戰，李繼遷自感力量薄弱。」

不僅**經常挨揍**，

白壽彝《中國通史》：

「太平興國七年（982年）十二月，李繼遷初攻夏州，聞宋朝援兵來，不戰而回。次年五月攻葭蘆川（今陝西佳縣西北佳蘆河），九月又攻三岔口（今靖邊北內蒙古境內），都遭到失敗……十二月，繼遷率党項兵2萬人進攻宥州，被宥州巡檢使李詢擊退。」

連老婆和老媽都**被**宋朝**抓走了**……

《西夏書事．卷四》：

「雍熙元年（984年），繼遷匿地斤澤……九月，知夏州尹憲、都巡檢使曹光實襲破地斤澤……尹憲與曹光實計曰：地斤四面沙磧，兵難驟進。潛使人偵知所在，於是月發精騎數千，夜襲之，再宿而至，大破繼遷眾，斬首五百級，焚千四百帳，獲牛羊、器械萬計。繼遷與弟繼沖棄眾走，妻與母罔氏皆被獲。」

是真的**打不過**呀……

戴錫章《西夏紀》：

「宋雍熙二年（985年）……春二月，李繼遷誘殺宋汝州團練使曹光實，遂襲銀州據之。」

虞雲國《細說宋朝》：

「占領銀州以後，繼遷決定緩稱王，仍稱都知蕃落使……但在其後與宋軍的戰爭中，他卻一再受挫，連銀州也被迫放棄了。確實，僅以當時的實力，李繼遷還遠不能與宋朝抗衡。」

不過他並**沒有放棄**！

《西夏書事．卷四》：
「繼遷見諸部潰散，謀於眾曰：『吾不能克服舊業，致茲喪敗，兵單力弱，勢不得安……吾將假其援助，以為後圖。』」

所謂**仇敵的仇敵**就是**戰友**，

宋的**死對頭**……

那絕對是**遼國**了。

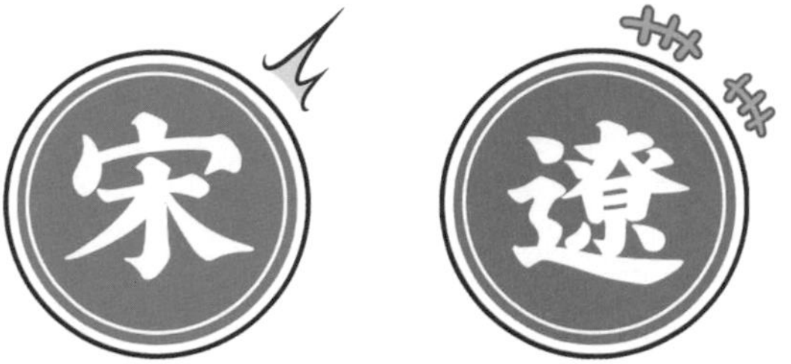

白壽彝《中國通史》：
「宋自建國之日起就同遼保持著對峙的局面，遼一直是宋在北方邊境上的威脅。」

雖然宋、遼兩邊**誰也吃不掉誰**，

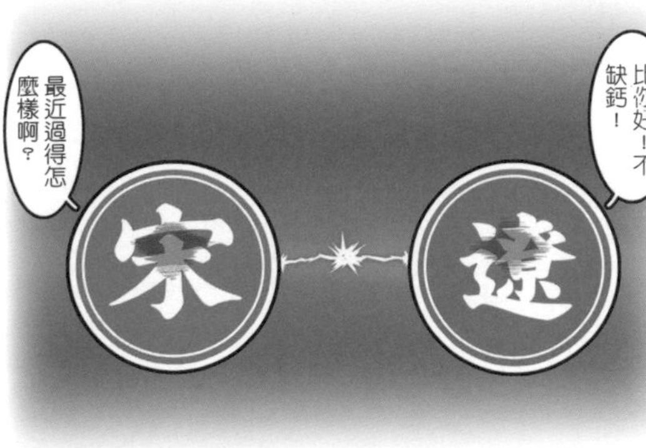

李錫厚、白濱《遼金西夏史》：
「北宋立國之初即立志要收復遼占據的幽薊地區。太平興國四年（979年）高梁河一役，北宋受挫。」
傅樂成《中國通史》：
「高粱（梁）河之役後，宋遼在邊境上的衝突，仍不止息，但雙方都無多大進展。」

但彼此**看不順眼**還是有的。

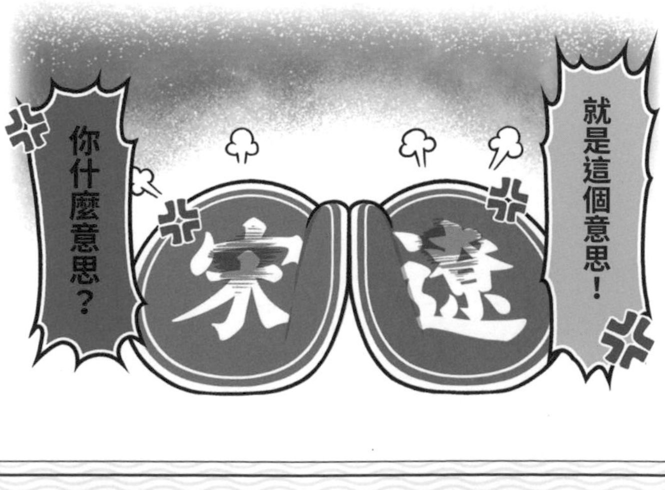

基於同樣不爽宋朝，
遼和繼遷喵於是**瞬間看對眼**。

軍事科學院《中國軍事通史》：
「雍熙三年（986年）二月，宋軍大舉北伐遼朝，繼遷利用這個機會，實施聯遼反宋……遼因為與宋爭戰正酣，企圖利用繼遷侵擾宋邊，牽制宋軍，逼使宋東西兩面作戰……」

繼遷喵**認**遼朝當「**老大**」，

《西夏書事．卷四》：
「雍熙三年（986年）春二月，繼遷初降於契丹……夏四月，契丹授（李繼遷）定難軍節度使、都督夏州諸軍事。」
《東都事略．卷一二三》：
「遼國即契丹也。」

遼朝則**給錢給裝備**。

戴錫章《西夏紀》：
「宋雍熙三年（986年）……十二月，（李繼遷）請婚契丹。繼遷引兵五百騎款塞，願婚大國，永作藩輔。契丹主詔：以王子帳節度使耶律襄之女汀，封義成公主下嫁，賜馬三千匹。」

從此，繼遷喵一邊**跟著遼朝打宋朝**，

李錫厚、白濱《遼金西夏史》：
「李繼遷得遼外援，加強對宋的攻勢。雍熙四年（987年）二月，繼遷攻夏州，敗宋軍於王庭鎮，進圍州城。又配合遼軍，不斷襲擊宋西北邊境。」

一邊向待在宋朝的党項喵們**收集情報**，

鐘侃、吳峰雲、李范文《西夏簡史》：
「當初李繼捧獻出夏、綏、銀、宥、靜地入朝並非本意，因此宋朝讓他重返夏州之後，表面上敷衍宋朝，暗裡卻與李繼遷相勾結。」

然後**裡應外合**打宋朝。

鐘侃、吳峰雲、李范文《西夏簡史》：
「李繼遷在李繼捧的祕密配合下，連續出兵占據綏、銀二州。接著，又攻慶、原（今甘肅鎮原縣）諸州……」

宋朝原本光是對付遼朝就**頭疼**得不行，

虞雲國《細說宋朝》：

「（986年）五月，兩軍激戰於岐溝關，宋軍以糧車環繞自衛，被遼軍包圍……宋軍主力全線崩潰，傷亡慘重。」

朱紹侯《中國古代史》：

「高梁河與岐溝關兩役失敗後，北宋放棄了收復燕雲失地的計劃，對遼採取消極防禦的政策……可是，遼朝騎兵仍不時南下騷擾，給北宋政府帶來了巨大的軍事壓力。」

現在還要**對付繼遷喵**，

軍事科學院《中國軍事通史》：

「淳化二年（991年）七月，李繼遷攻夏州，李繼捧迎戰於夏州北面的安慶澤，遭到失敗，遂向宋朝求救，宋遣翟守素率兵往援……宋此時屢為遼所敗，遼患日益嚴重，為避免兩面作戰，對繼遷極盡籠絡之能事……」

簡直**身心疲憊**……

西元997年，被鬧得**沒辦法**的宋朝**最終妥協**，

軍事科學院《中國軍事通史》：「至道三年（997年），宋太宗去世，宋真宗繼位。李繼遷遣使求和，真宗授予他定難軍節度使稱號，讓他據有李氏舊地。」

同意把党項族的領地**歸還**繼遷喵**管理**。

吳天墀《西夏史稿》：「公元997年，宋太宗死，子真宗（趙恆）繼立。繼遷遣使求和，宋政府便任命他為定難軍節度使。這個決定使歸屬宋朝版圖已達十五年（公元982—997年）以上的夏、銀、綏、宥等州領土，仍然落到夏州李氏的手裡。」

党項族失去了十五年的**土地**，

這才**回到**自己**手中**。

虞雲國《細說宋朝》：「至道二年（996年），李繼遷截獲宋軍運往靈州（今寧夏靈武西南）的四十萬石糧草……次年，他以退為進，向宋朝上表請降，同時要求恢復對党項故地的統治權。這時，宋真宗剛繼位，不暇西顧，便仍封繼遷為定難軍節度使，領夏、綏、銀、宥、靜五州。經過與宋朝十餘年的艱苦較量，他終於捲土重來，奪回了故土。」

而這也**奠定了**党項族未來**發展的基礎**，

蔡美彪《中國通史》：「九九七年，宋太宗死，真宗即位。宋朝疲於應付，真宗妥協退讓，授繼遷夏州刺史，定難軍節度使，夏、銀、綏、宥、靜等五州觀察處置押蕃落等使。繼遷奪回五州地數千里。党項族以此為基地，又迅速地向前發展了。」

使一直依附著中原皇朝的党項族
開始**發生轉變**。

此後數十年，
党項喵開始不斷**向西部擴張**，

虞雲國《細說宋朝》：「李繼遷籌劃著更宏大的偉業，他決心向西拓展，控扼整個河西走廊，以便『西掠吐蕃健馬，北收回鶻銳兵』，進一步壯大自己後，再南攻宋朝。」

勢力也**越來越龐大**。

《西夏書事．卷八》：

「繼遷生而英奇，長而剽悍……迨詔使護送諸父昆弟連袂歸朝，方始奮其雄才，策其群力，激羌戎以先烈，約契丹為強援。遂使關右震驚，中朝旰食。控弦靈武，扼平夏之要衝；驅馬涼州，成河西之右臂。於是五州盡復，諸族懾從……」

那麼作為在宋遼夾縫中發展起來的力量，
党項未來將會**走向何方**呢？

（且聽下回分解。）

編者按

党項一族，本來只是活動於今陝西、甘肅一帶的一個落後、鬆散的部落，一直到宋代仍然有一部分人住在山野中。他們保留著原始的習俗，尊崇巫教，不識禮法，只有像李繼遷這樣的貴族才有機會接受教育。對宋朝來說，党項本來不足為懼。事實上，一開始宋朝也確實輕鬆地拿下了党項族的故土。但李繼遷的出現卻改變了這一切，他利用宋朝這個党項各部落共同的敵人，將原本分散的党項族人凝聚在一起，加之聯遼攻宋的策略得當，終於有了與宋一戰之力。而反觀宋朝，不僅在對遼戰爭中多次失利，而且新任統治者無意戰事。此消彼長之下，党項族就獲得了有利於自己的發展條件，進而成為了一股不可忽視的力量。

李繼遷——油條（飾）

參考來源：《宋史》、《新唐書》、《新五代史》、《西夏書事》、《東都事略》、《西夏事略》、《續資治通鑑長編》、戴錫章《西夏紀》、吳天墀《西夏史稿》、虞雲國《細說宋朝》、白壽彝《中國通史》、傅樂成《中國通史》、蔡美彪《中國通史》、朱紹侯《中國古代史》、李錫厚和白濱《遼金西夏史》、軍事科學院《中國軍事通史》、鐘侃等《西夏簡史》、陳佳華等《宋遼金時期民族史》

附錄

【魅力太大】

李繼遷為了反宋到處拉攏党項部落，
部落首領們不僅一下子就從了他，
把女兒也嫁給了他。

【本姓「拓跋」】

李繼遷的祖上本姓「拓跋」，
因為唐朝的時候幫朝廷立了大功，
就被唐朝賜了「李」這個國姓。

【暴躁老大】

李繼遷雖然為党項立了很多功，
但脾氣卻很暴躁。
所以當時曾有部族首領看他不順眼，
計劃暗殺他。

百群喵檔案

油條小劇場

《按摩》

《扮演》

油條

射手座

生日：12 月 5 日

身高：185 公分

喜歡的書籍類型：古典文學

最愛去的地方：健身房

（油條擬人介紹）

油條的機甲
Youtiao's Mecha

第一百一十九回◉元昊立夏

經過**對抗**，
党項族**成為**了宋、遼間的一股**割據力量**。

遼
宋
党項

黃燕生《宋仁宗 宋英宗》：
「北宋建立之初，党項人繼續臣服中原王朝。太宗時……党項族首領李繼遷擊敗宋軍，奪取陝西重鎮靈州。」
虞雲國《細說宋朝》：
「繼遷一生，不僅聯合契丹（遼），抗衡宋朝，奪回了先人故土，保住了党項根基，而且建都西平……一個以夏州為首、西平為腹、涼州為尾的……雛形已經形成。」

《宋史．卷四八五》：
「景德元年（1004年）正月二日（李繼遷）卒，年四十二，子德明立。」
鐘侃、吳峰雲、李范文《西夏簡史》：
「景德二年（公元1005年），党項部眾由於李繼遷新死，又不見李德明得到冊封，多生懷疑，紛紛內投宋朝。李德明……一方面派人到宋朝請和，以穩定人心……」

為了**生存**和**發展**，
党項族一邊對宋朝**客客氣氣**，

大哥好，大哥妙，大哥呱呱叫！
党項
宋

一邊又保持跟遼朝**眉來眼去**，

有機會，咱們一起玩。
遼
党項

張豈之《中國歷史．隋唐遼宋金卷》：
「李繼遷死後，其子李德明繼立。利用宋遼矛盾在兩大勢力中發展自己的勢力。他一方面遣使向遼請求冊封，另一方面向宋朝納貢乞和……」

反正就是**左右逢源**。

陳佳華、蔡家藝、莫俊卿、楊保隆《宋遼金時期民族史》：

「繼遷死後，其子德明繼位……一面繼續與契丹貴族維持臣屬關係，積極尋求其支持與保護，一面又力爭與宋和好……而宋、遼也各為自身前途，競相對德明進行拉攏。」

這倒是搞得宋、遼**兩邊**都想**爭取**它。

白壽彝《中國通史》：

「李德明同時臣服於遼、宋，倚遼之勢，得宋實惠；遼、宋為了各自的利益也競相拉攏、爭取李德明。」

遼給**好處**，

白壽彝《中國通史》：

「同年（遼統和二十二年）七月，遼冊封李德明為西平王。十二月，宋遼訂立『澶淵之盟』議和，宋遼關係緩和。」

＊腕兒：意指有實力的名人。

宋也**跟著給**。

白壽彝《中國通史》：
「次年六月，李德明為穩定人心，遣使到宋請和，但條件未談妥，經過長時間的討價還價，直到第三年十月，宋也封李德明為西平王、定難軍節度使……」

有了這樣一個**和平**的大前提，
党項一族得到了**迅速發展**的機會。

黃燕生《宋仁宗 宋英宗》：
「自1004年起，德明統治党項二十六年。其間，党項的經濟和軍事實力有了新的增長。由於一直得到宋朝賞賜的錢帛茶藥，又通過互市，獲得中原的大量產品，國力不斷增強。」

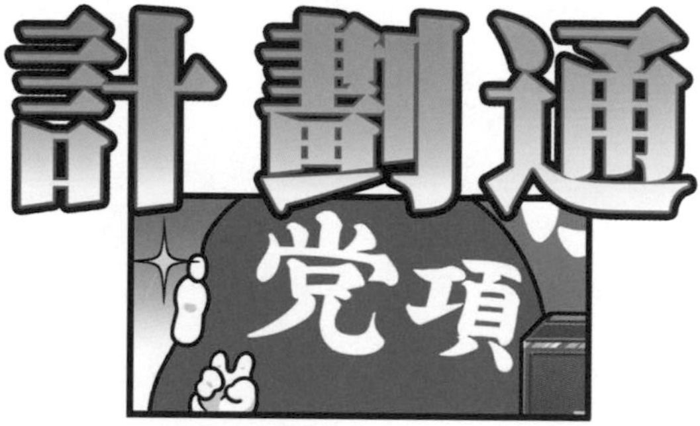

而發展的**重任**也**傳到**了**第三代**領導者肩上，

他就是**李元昊喵**。

白壽彝《中國通史》：
「李元昊，小字嵬理（『嵬理』，党項語『惜富貴』之意）。後更名曩霄。祖繼遷，父德明，母為銀州党項大族之女衛慕氏。」

硬要說的話，
元昊喵的出場還是挺**傳奇**的。

《西夏書事．卷八》：
「（1003年）五月，子元昊生。德明三娶：一衛慕氏，次咩米氏，次訛藏屈懷氏。衛慕氏，銀州大族，嘗與德明游賀蘭山，夜夢白龍繞體，遂有妊，懷十二月，至是月五日生，啼聲英異，兩目奕奕有青光。」

他剛出生**第二年**……

作為族內領導者的**爺爺就「掛了」**。

戴錫章《西夏紀》：
「宋咸平六年（1003 年）……五月五日，德明子元昊生……繼遷中流矢，創甚，奔還。明年正月二日，卒於靈州境上，年四十二。」
白濱《元昊傳》：
「李繼遷是元昊的祖父。」

他爹成了**第二代**首領……

軍事科學院《中國軍事通史》：
「李繼遷死後，他的兒子李德明繼承了他的統治。」

元昊喵**從小**就**愛看兵書**，

白濱《元昊傳》：
「元昊幼讀兵書，對當時流行的《野戰歌》《太乙金鑑訣》一類兵書，更是手不釋卷，專心研讀，精於其蘊。」

精通**多種語言**，

白濱《元昊傳》：
「……他頗具文才，精通漢、藏語言文學。」

善於**思考**和**謀劃**，

《西夏書事．卷十一》：
「德明三子：長元昊，衛慕氏生……元昊性雄毅，多大略……」

偶爾還研究一下**佛學**，

《宋史．卷四八五》：
「曩霄本名元昊，小字嵬理……曉浮圖學，通蕃漢文字……」
商務印書館《古代漢語詞典》：
「浮屠，也作『浮圖』，梵語音譯，指佛教。」

二十四歲的時候已經**戰功顯赫**。

白濱《元昊傳》：
「天聖六年（1028）五月，元昊 24 歲。」
《西夏書事．卷十一》：
「天聖六年夏五月，德明使子元昊攻回鶻，取甘州。」

嗯……就是很**主角設定**的那種……

在當時，党項雖然實質上是個**割據政權**，

吳天墀《西夏史稿》：
「德明非常注重享受，並把自己裝扮成一個最高統治者的形象……他由夏州前往巡遊的時候，『大輦方輿，鹵簿儀衛』，儼然中原漢族帝王的氣派。他在發號施令、任命官吏和建立有關宮室、旌旗等制度方面，都與獨立王國的統治者無殊。」

但名義上還是**宋朝**的**一個地方**。

杜建錄《話說西夏》：

「宋夏雙方互派使臣……最終於宋景德三年（1006年）九月，正式簽訂了和約：宋朝任命李德明為定難軍節度使，封爵西平王，食邑六千戶。」「李德明與宋朝締結和約之後，表面上臣服宋朝。」

為了取得發展空間，

党項族依然**保持**著**臣服**的樣子，

吳天墀《西夏史稿》：

「德明雖然抱有做皇帝的野心，為了經濟實惠，對於宋朝還是要表面敷衍。」

不僅**接受**宋朝的**封號**，

蔡美彪《中國通史》：

「一〇〇四年，繼遷死，子德明繼立……一〇〇五年六月，德明派牙將王旻到宋朝奉表入朝。宋真宗厚加賞賜……一〇〇六年，遣使封授德明定難軍節度使、西平王。」

還得**跪著接受**。

白濱《元昊傳》：

「如宋使向元昊宣讀宋仁宗封賜詔書，元昊應跪拜接受……元昊內心憤憤，環顧左右大臣說：『先王（李德明）大錯，有如此國，而猶臣拜於人耶！』」

這讓元昊喵很**不爽**。

白濱《元昊傳》：

「元昊逐漸長大成人，對父親的和宋政策，特別是向宋稱臣日益不滿。」

在他看來，

党項就該跟宋朝**平起平坐**，

甚至**說服**他爹要**反抗**，

指指點點
爹爹！我覺得你這樣不太妥！

《西夏事略》：

「德明累遷至太傅，封夏王。其子元昊性凶鷙，多猜忌，曉浮圖學，通漢文字。既長，數勸德明反。」

可以說**野心勃勃**了！

《西夏書事．卷十一》：

「（元昊）數勸德明勿臣宋……德明曰：『吾久用兵，疲矣。吾族三十年衣錦綺，此宋恩也，不可負。』元昊曰：『衣毛皮，事畜牧，蕃性所便，英雄之生，當霸王耳，何錦綺為！』」

於是乎，上天就給了他**實踐**的**機會**……

OK！
沒問題！

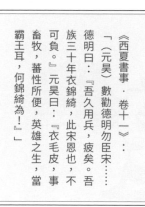

因為幾年後**他爹死了**。

《宋史．卷四八五》：
「（宋天聖）九年（1031年）十月，德明卒，時年五十一……」

就這樣，元昊喵**正式成為**党項族**領導者**。

《西夏事略》：
「德明死，元昊襲定難軍節度使，封西平王。」

党項首領**換屆**了，
宋、遼收到消息後也**馬上**過來**拉攏**。

白壽彝《中國通史》：
「德明死後，遼興宗耶律宗真以『婚好之誼』派出宣徽南院使、朔方節度使蕭從順，潘州觀察使鄭文囿到興州，封元昊為夏國王。宋朝則派出工部郎中楊告，禮賓副使朱允中為正副旌節官告使，授封元昊為特進檢校太師兼侍中定難軍節度、夏銀綏宥靜等州觀察處置押蕃落使，爵西平王。」

可元昊喵卻**沒**給**啥好臉色**，

虞雲國《細說宋朝》：
「自繼位之日起，元昊就加快建國稱帝的步伐。就宋朝來說，這時仍希望李德明的繼承者保持臣屬關係，故而使節不絕於道。但元昊先是不出迎宋使，繼而不肯跪拜受詔。」

甚至還**刁難**宋的**官員**。

軍事科學院《中國軍事通史》：
「元昊繼位後……公開宣布要改變對宋的臣屬關係，要與宋平起平坐。以後宋朝屢次遣使前來，元昊均擺出一副帝王的架勢接待，有時甚至故意指使在宋使駐地附近冶煉兵器，公開向宋示威。」

因為此時的他，
心中只有**一個想法**，

白濱《元昊傳》：
「這時對元昊來說，無論是宋或遼，給他封爵西平王或是夏國王，都不是他所中意的……」

這就是**建立**党項**帝國**！

白濱《元昊傳》：
「……他要自己立國稱帝了。」

從**唐末**到**宋初**，
党項族一直是中原政權的**附屬**。

張豈之《中國歷史．隋唐遼宋金卷》：
「党項族是羌族的一支……唐末，居住在宥州（陝西靖邊東）的党項族首領拓跋思恭參與鎮壓黃巢起義，被唐朝封為夏州（陝西靖邊北白城子）定難軍節度使……賜姓李，晉爵夏國公。五代時期中原混戰，夏州李氏的勢力又乘機擴大……宋朝建立後，夏州李氏表示歸附……」

所以在日常生活**習慣**上，
很多党項喵都**學著漢喵**的來，

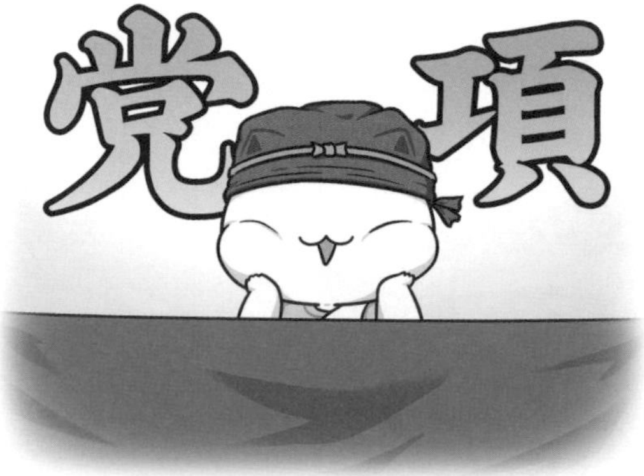

李錫厚、白濱《遼金西夏史》：
「党項社會從唐宋遷居夏州一帶近二百年中，處於漢族封建生產方式的包圍之中，深受漢族先進的生產方式與封建文明的影響。」

穿漢喵的**衣服**，

陳佳華、蔡家藝、莫俊卿、楊保隆《宋遼金時期民族史》：
「党項人原來大都從事畜牧業，牧養犛（氂）牛、馬、驢、羊以供食用，居氈帳，衣裘褐，無法令、文字……移居內地後……衣著多布衣，富有人家，則穿綾羅錦綺。」

學漢喵的**文化**。

陳佳華、蔡家藝、莫俊卿、楊保隆《宋遼金時期民族史》：
「党項人原有語言無文字……內遷後，由於與漢、藏兩族人民長期錯處雜居，來往密切，便逐漸學會漢藏人民的語言和文字，並以之記事。」

然而這對於要建立帝國的元昊喵來說，

就是**不可以**的！

白壽彝《中國通史》：

「元昊建國稱帝的目的是為了擺脫宋朝的控制，實現党項政權的獨立自主。」

漢喵的**造型**，

禁止！

蔡美彪《中國通史》：

「元昊繼立，首先下令禿髮。即推行党項的傳統髮式，禁止用漢人風俗結髮。」

換成党項喵的**造型**。

蔡美彪《中國通史》：
「元昊首先自己禿髮，然後下令境內人民三日內必須禿髮，不服從命令者殺頭。」

漢喵有**文字**，

党項族自己**也要有**，

《宋史．卷四八五》：
「元昊自製蕃（番）書，命野利仁榮演繹之，成十二卷，字形體方整類八分，而畫頗重複。教國人紀事用蕃（番）書，而譯《孝經》《爾雅》《四言雜字》為蕃（番）語。」

還規定**對外**文件**兩種文字**都要有，

《西夏書事．卷十二》：
「元昊既制蕃（番）書、遵為國字，凡國中藝文誥牒，盡易蕃（番）書。於是，立蕃（番）字、漢字二院……漢字掌中國往來表奏，中書漢字，旁以蕃（番）書並列；蕃（番）字掌西蕃、回鶻、張掖、交河一切文字，並用新制國字，仍以各國蕃（番）字副之。」

反正就是要**突出**党項自己的**民族特色**。

當然，要**建立帝國**還是得**抄漢喵們**的。

吳天墀《西夏史稿》：「但是漢族的政治經濟制度和文化有其先進的地方，尤其是元昊要有效地運用國家機器，並擴大自己所掌握的君權，那他就有必要去採納中原漢族王朝的一套封建統治經驗。」

禮樂制度，

《西夏書事．卷十二》：「夏州沿党項蕃（番）俗，自赤辭臣唐，始習尊卑跽拜諸儀……歷五代入宋，年隔百餘，而其音節悠揚，聲容清厲，猶有唐代遺風。迨德明內附，其禮文儀節，律度聲音，無不遵依宋制。」

抄個**低配版**。

蔡美彪《中國通史》：「元昊又參用宋制，改定朝儀。每六日，官員朝見皇帝，稱『常參』。九日朝見，稱『起居』（問候皇帝起居）。凡吉凶、嘉賓、宗祀、燕享等，改宋九拜禮為三拜。」

官制，

抄個**低配版**。

白濱《元昊傳》：

「元昊則仿宋官制設立文武兩班朝官。在皇帝之下的中央政府機構為：中書省、樞密院、三司……蕃（番）學、漢學等。這實際是一整套與宋大同小異的中央政府機關。」

兵制，

軍事科學院《中國軍事通史》：

「元昊在與近鄰的爭戰中，深深懂得了軍隊的重要性。因此，在建國過程中，在党項族的基礎上，吸取漢、契丹的經驗，在軍事上進行整頓和改革，以建立起一支可與宋軍抗衡的軍隊。」

這個嘛……需要**認真抄一遍**。

翦伯贊《中國史綱要》：

「元昊仿效北宋政府的組織，建立了一整套官制、兵制……立十二監軍司……」

經過了這種種**改革**，

党項族的**民族意識**大大地得到**提高**，

白濱《元昊傳》：

「元昊對內以恢復故俗相號召……他以『帝胄』的元魏王室後裔標榜，改中原王朝的李、趙賜姓，稱嵬名氏，尊為『兀卒』，又頒布『禿髮令』，改革禮樂制度，創制文字等，其目的都是為了強化民族意識，增強党項族內部的團結……」

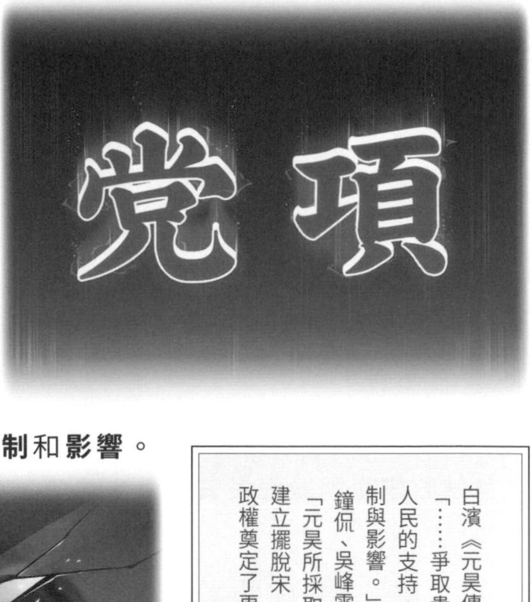

進一步**擺脫**了宋皇朝的**控制**和**影響**。

白濱《元昊傳》：

「……爭取貴族上層和廣大党項部族人民的支持，以便擺脫中原王朝的控制與影響。」

鐘侃、吳峰雲、李范文《西夏簡史》：

「元昊所採取的上述一系列措施，為建立擺脫宋、遼羈縻的封建割據地方政權奠定了更堅實的基礎。」

最終一個以党項族為主體的**國家**慢慢**成形**，

白壽彝《中國通史》：
「元昊在繼位後經過短短的六年時間，完成了建國的各項準備工作，一個『東盡黃河，西界玉門，南接蕭關，北控大漠，地方萬餘里』的党項政權已具規模。」

這就是歷史上的**西夏**。

《西夏書事．卷十二》：
「寶元元年（1038年）、夏大慶二年春正月，朔，日有食之。於是元昊僭謀益急……冬十月，元昊稱帝，建國號『大夏』……」
吳天墀《西夏史稿》：
「西夏是以党項羌為主體的多民族王國，本名大夏，宋人稱西夏。」

西夏的建立，

意味著**宋**皇朝徹底**失去了**對党項族的**領導地位**，

虞雲國《細說宋朝》：
「元昊立國稱帝，與宋朝成為平起平坐的主權國……」

這無疑是**對**宋皇朝**底線的挑戰**。

虞雲國《細說宋朝》：
「……這對一向強調大義名分的宋朝來說，是絕對不能容忍的。」

那麼面對這樣的一個局面，
宋又將有**什麼反應**呢？

（且聽下回分解。）

編者按

党項一族，在宋、遼的夾縫之中生息繁衍近百年，歷經三代統治者，終於在李元昊之世，完成了建國大業。在夏國建立以前，党項名義上還是宋的一部分，宋人卻視語言不通的党項人為「禽獸」。加上党項族經濟文化水準的落後，居住於漢地的党項人飽受歧視，民族矛盾就在這種背景下逐漸尖銳。作為一個出色的政治家，李元昊一開始就聰明地舉起了爭取民族獨立的旗幟，他大力號召恢復党項舊俗，以爭取党項貴族的支持；而另一方面，他又能適應封建國家制度建設的需要，吸收中原皇朝的封建統治經驗，為建設和鞏固党項政權服務。最終李元昊成功建立了大夏帝國，而這也為歷史掀開了新的一章。

李元昊——煎餅（飾）

參考來源：《宋史》、《西夏書事》、《西夏事略》、白濱《元昊傳》、戴錫章《西夏紀》、吳天墀《西夏史稿》、杜建錄《話說西夏》、白壽彝《中國通史》、蔡美彪《中國通史》、虞雲國《細說宋朝》、翦伯贊《中國史綱要》、黃燕生《宋仁宗 宋英宗》、李錫厚和白濱《遼金西夏史》、軍事科學院《中國軍事通史》、鐘侃等《西夏簡史》、張豈之《中國歷史 · 隋唐遼宋金卷》、陳佳華等《宋遼金時期民族史》、商務印書館《古代漢語詞典》

附錄

【聲名遠揚】

李元昊在宋朝有一個「迷弟」叫曹瑋。
為了能見到本尊，
曹瑋曾親自跑到元昊
可能出沒的地方蹲點。

【貼心老闆】

李元昊每次出兵前，
都會拉著將領們一起打獵，
一起喝酒談心，
拉近自己跟手下的關係。

【沉迷佛學】

李元昊特別沉迷佛學，
為此他不惜向死對頭宋朝
獻上五十匹馬，
只為換取一卷佛經。

百群喵檔案

煎餅小劇場

《認領手機 1》

《認領手機 2》

煎餅

生日：3月3日

身高：182 公分

喜歡的書籍類型：漫畫

最愛去的地方：漫展

（煎餅擬人介紹）

煎餅的機甲
Jianbing's Mecha

第一百二十回◉慶曆和議

歷經三代領導者的努力，
党項一族終於**建立**了自己的**帝國**，

鐘侃、吳峰雲、李范文《西夏簡史》：
「党項族拓跋部經歷了李繼遷和李德明兩代的發展，至元昊時，党項貴族已基本完成了由氏族酋長向封建地主的轉變，迫切要求在政治、經濟、文化上的統一……李元昊即位以後，採取了一系列措施，為稱帝建國作最後的準備。到公元 1038 年，正式建立封建割據地方政權。」

這就是**西夏**。

《西夏書事．卷十二》：
「寶元元年（1038 年）、夏大慶二年春正月，朔，日有食之。於是元昊僭謀益急……冬十月，元昊稱帝，建國號『大夏』。」
吳天墀《西夏史稿》：
「西夏是以党項羌為主體的多民族王國，本名大夏，宋人稱西夏。」

作為西夏的主體民族，
党項族原本是**宋皇朝的小弟**，

黃燕生《宋仁宗 宋英宗》：
「北宋建立之初，党項人繼續臣服中原王朝。」

可現在竟然要跟大哥**平起平坐**了，

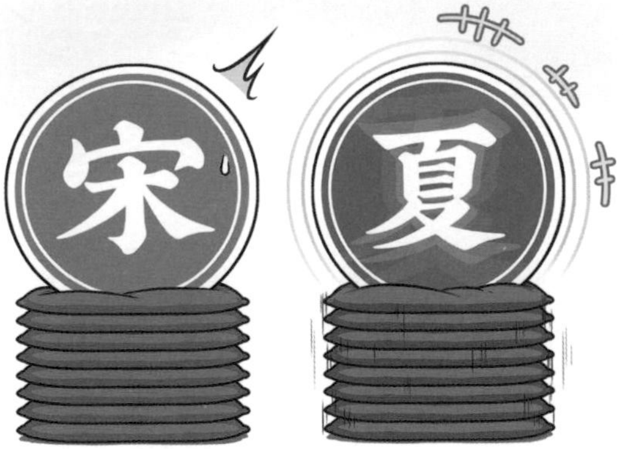

虞雲國《細說宋朝》：
「元昊立國以後，軍事與外交兩手並舉，一面出兵攻掠宋朝鄜延路地區（今陝西北部），一面遣使宋朝要求承認既成事實，『許以西郊之地，冊為南面之君』。」

這……當然讓大宋氣得不行。

虞雲國《細說宋朝》：
「宋朝當然不能容忍藩屬成為敵國……」

而這時大宋的皇帝已經到**第四代**，

他就是宋仁宗**趙禎喵**。

《宋史．卷九》：
「仁宗體天法道極功全德神文聖武睿哲明孝皇帝，諱禎，初名受益，真宗第六子，母李宸妃也。大中祥符三年（1010年）四月十四日生……天禧元年（1017年），兼中書令。明年，進封升王。九月丁卯，冊為皇太子……」

趙禎喵**十三歲**就當上了皇帝，

《宋史．卷九》：
「乾興元年（1022年）二月戊午，真宗崩，遺詔太子（趙禎）即皇帝位……」

不過……**拍板**的卻是**太后**。

《宋史．卷九》：
「……尊皇后為皇太后，權處分軍國事。」

要等到太后**「掛了」**，

《宋史．卷十》：
「（宋明道）二年（1033年）春正月己卯，詔發運使以上供米百萬斛振江、淮飢民……三月庚午，加恩百官。丁亥，祈雨於會靈觀、上清宮、景德開寶寺。庚寅，以皇太后不豫，大赦……甲午，皇太后崩……」

他才開始**說得上話**。

虞雲國《細說宋朝》：
「明道二年（1033年），劉太后去世……仁宗開始親政……」

作為一個領導者，
趙禎喵**一開始**還是**很認真**的。

例如堅持**每日上班**，

虞雲國《細說宋朝》：
「仁宗親政當年，改變太后垂簾以來單日上朝的慣例，恢復每日上朝問政的祖宗舊制。對百官章奏，無論大事小事，仁宗都親自批覽……」

例如**減少開支**，

黃燕生《宋仁宗 宋英宗》：
「親政之後，仁宗下令停止修造過多的宮觀，裁減天下所度僧道人數……縮減後苑珠玉作規模，下詔將每年四川進貢給皇宮的綾、錦、羅、綺、透背、花紗等只保留三分之一，其餘三分之二改為供應軍需的綢帛。」

遇到天災了，
會拿出私房錢**賑災**，

《續資治通鑑長編．卷一一三》：
「明道二年（1033年）……甲辰，以京東飢，（趙禎）出內藏庫絹二十萬下三司，代本路上供之數。」

就連衣服都**不捨得買**新的。

《續資治通鑑長編．卷一一三》：
「丙申，上（趙禎）謂輔臣曰：『每退朝，凡天下之奏，必親覽之。』……又曰：『朕日膳不欲事珍美，衣服多以縑繒為之，至屢經浣濯，而宮人或以為笑……』」

這聽起來簡直是個**明君**啊！

可惜……

這種熱情也**就堅持了一年**左右……

黃燕生《宋仁宗宋英宗》：

「親政之初的仁宗，不僅每日上朝問政，臣子們呈上的奏章，無論大事小事，他也要親自批覽。」

「十分可惜的是，仁宗的勤政熱情未能持續很久，也就過了一年左右。」

沒多久，他就**玩**去了……

沒事就搞搞**音樂**、搞搞**文學**。

虞雲國《細說宋朝》：「但一年以後，仁宗主要興趣轉移到修訂新樂和校勘圖書上去了。」

對於宋朝的國防則乾脆交**「保護費」**了事，

白壽彝《中國通史》：「宋對遼、夏是以每年支出數十萬兩銀、數十萬匹絹，以及大量其他物品以換取和平。」

給北邊的遼國**花錢**，

給西邊的党項也**花錢**，

党項
喏！

吳泰《宋朝史話》：「由於『冗官』『冗兵』及各種靡費所造成的『冗費』，再加上每年交納給遼、西夏的歲幣及其他贈禮，北宋的國庫總是年年入不敷出。宋仁宗慶曆年間（公元一〇四一—一〇四八年），宋朝每年的財政虧空竟達三百萬緡以上。」

反正就是**花錢買平安**嘛。

哎呀……這不挺好的嘛……
不然打起來，你說咋辦？

可他**沒想到**，
党項這邊竟然打算建國了。

哈哈哈！
老子建國啦！！
夏
皇上！党項搞大事了！

白壽彝《中國通史》：「元昊建國稱帝的目的是為了擺脫宋朝的控制，實現党項政權的獨立自主。」

這下趙禎喵就真的**生氣**了，

他這是
想挑戰我!!

軍事科學院《中國軍事通史》：
「宋仁宗在得知元昊稱帝建國的消息後，大為惱怒……」

於是乎兩邊**正式開火**。

PLAYER 1
宋
SONG GUO
PLAYER 2
夏
XIA GUO
宋
VS
夏

白壽彝《中國通史》：
「元昊于建國後不到兩個月，即天授禮法延祚二年（宋寶元二年，1039）正月，立刻遣使向宋朝上表，表文主旨是說明自己是『帝胄』，表明稱帝的合法性……宋仁宗見到表章後卻於六月間下詔，削奪過去封給元昊的官職爵位，停止互市……宋朝決計用兵，給元昊造成了進攻宋朝的藉口。」

西夏這邊的**老大**是**李元昊喵**，

夏
李元昊

虞雲國《細說宋朝》：
「大慶二年（1038年）十月，元昊正式稱帝，國號大夏，改元天授禮法延祚……元昊締造了西夏王國……」

在元昊喵的帶領下，
西夏軍**訓練有素**，

軍事科學院《中國軍事通史》：
「元昊早已做好了戰爭準備。他在稱帝前後，即整編軍隊，訓練兵馬，鞏固邊防，剷除異黨及確定了攻宋方略……」

而且還掌握了宋朝**大量**的**情報**，

軍事科學院《中國軍事通史》：
「……同時還通過使者、商人以及重金收買宋朝官員等手段，刺探宋朝政治、經濟、軍事等情報。因此對宋朝『山川之險夷，國用之虛實，莫不周知』。」

可以說**有備而來**。

而**宋**這邊呢，

完全一副**自大輕敵**的狀態……

軍事科學院《中國軍事通史》：「腐敗無能的宋王朝對這一切都茫然不知，自以為大軍一到，元昊不是兵敗被殺就是束手就擒。」

要知道，
因為長期花錢買平安，
宋軍已經**很久沒打過仗**了……

陳振《宋史》：
「宋廷的積弱現象在對西夏的戰爭中暴露無遺。宋朝長期忽視軍備，士兵得不到正規而有效的訓練。」

這**突然要打**起來，

士兵們完全**跟不上**……

陳振《宋史》：
「劉太后專政時期，完全無視軍備與邊防……西、北的民兵，已是『承平歲久，州縣不復閱習，多亡其數』。即使被稱為正軍的禁軍，也因『國家承平日久，失於訓練……其餘皆疲弱不可用』。積弱的形勢早已形成，只是到劉太后死後的仁宗親政初期，才在對西夏的戰爭中暴露出來。」

於是乎**第一仗**，

白壽彝《中國通史》：
「天授禮法延祚三年（宋康定元年，1040）正月，元昊聲言將攻延州（今陝西延安）……」

被打得**頭破血流**。

白壽彝《中國通史》：
「……宋鄜延、環慶路經略安撫使、知延州范雍聞訊，驚懼不敢戰。元昊詐降，乘其不備，突然襲擊保安軍（今志丹），一舉攻克金明砦，進圍延州。范雍召部將劉平、石元孫來援……中元昊埋伏，黃德和率後軍先逃，宋軍遂敗……史稱三川口之戰。」

第二仗，

軍事科學院《中國軍事通史》：
「慶曆元年（1041年）春，正當宋廷在攻守問題上議而未決時，元昊再次向宋朝發動進攻。」

被打得**丟盔卸甲**。

軍事科學院《中國軍事通史》：

「為了麻痺懈怠宋軍……（元昊）派遣曾被自己俘虜的原塞門寨主高延德帶信至延州，向范仲淹請和。然後傾國入寇，集中兵力向涇原路展開進攻……經過激戰，武英、王珪先後戰死，將校士卒死者1萬餘人……宋軍遭到夏宋開戰以來最慘重的失敗。」

第三仗，

白壽彝《中國通史》：

「（遼天授禮法延祚）五年（1042）閏九月，元昊又於天都山（今海原南）集左、右廂兵10萬，分東西兩路合攻鎮戎軍（今固原）。」

同樣被掀個**底朝天**……

白壽彝《中國通史》：

「宋知渭州王沿派部將葛懷敏出擊。葛懷敏輕敵冒進，併入保定川寨（今固原西北），被元昊軍尾追包圍，切斷其歸路、水源。葛懷敏及部下皆戰死，宋軍全軍覆沒。元昊揮師東進，直抵渭州，大掠而回。史稱定川寨之戰。」

三仗下來，宋朝**徹底懞**了……

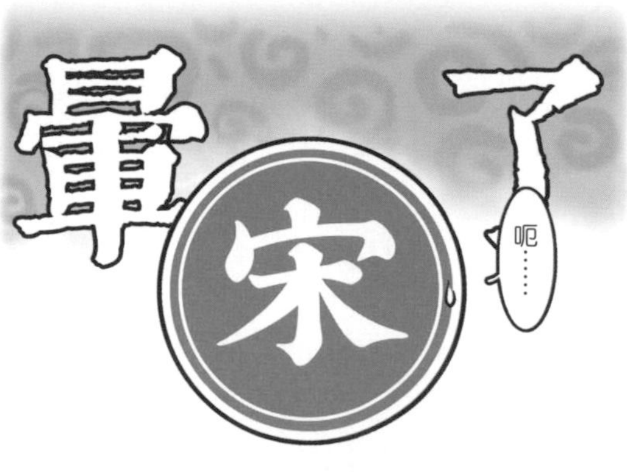

軍事科學院《中國軍事通史》：「延州之戰、好水川之戰和定川寨之戰的接連失利，極大地震撼了宋王朝的統治。」

而接連的敗仗又迫使宋不斷**增加軍隊**，

張蔭麟《兩宋史綱》：「因為宋取防堵的戰略，需要兵力特別多。自對西夏用兵以來，禁軍從四十餘萬增至八十餘萬……」

要養這麼多人，
那可是要**很多小錢錢**的呀！

張蔭麟《兩宋史綱》：「……軍隊的維持費自然照這比率增加。」

於是國家就**不斷**向百姓**收稅**，

軍事科學院《中國軍事通史》：
「為應付西夏進攻，宋王朝不斷擴充軍隊，使軍隊員額突增至125萬人。供養數目龐大的軍隊，造成了日益嚴重的經濟危機……為了解決財政危機，統治者千方百計地加緊搜刮民脂民膏。廣大下層人民生活於水深火熱之中……」

可收上來的錢呢，
又大多**落入**各級**官員口袋**裡，

軍事科學院《中國軍事通史》：
「宋廷雖然花費巨額軍費養兵，但這些錢又大多落入各級貪官污吏的腰包之中……」

士兵也**慘得不行**，

軍事科學院《中國軍事通史》：

「……廣大士兵處於被壓迫、剝削、奴役的地位，引起了他們的不滿和怨恨。」

大宋簡直**頭疼**。

而西夏這邊呢？

雖然贏了，

張豈之《中國歷史．隋唐遼宋金卷》：

「西夏建立後，元昊向宋發動了一系列的掠奪戰爭，相繼在三川口（陝西延安西北）、好水川（寧夏隆德東）、定川寨（寧夏固原西北）等戰役中大敗宋軍。」

但也**不輕鬆**。

《宋史．卷四八五》：

「慶曆元年（1041年）二月，（元昊）攻渭州……元昊雖數勝，然死亡創痍者相半，人困於點集，財力不給，國中為『十不如』之謠以怨之。」

畢竟宋、夏兩邊**家底不在一個檔次**上，

虞雲國《細說宋朝》：

「元昊雖在三次戰役中大獲全勝，但也深知以貧窮落後的西夏，要全面戰勝和長期佔領地廣人眾的宋朝絕無可能……」

長期打下去，其實也**耗不起**。

白濱《元昊傳》：

「元昊進行的對宋戰爭，雖然幾個大戰役都取得了勝利，但也給夏國帶來了嚴重的後果……戰爭使夏國民窮財盡，人怨沸騰。戰爭加深了夏國內部的階級矛盾和民族矛盾……元昊已經沒有力量再進行戰爭了。」

再加上還有遼這個**「攪屎棍*」**，

*攪屎棍：意指攪弄是非的人。

軍事科學院《中國軍事通史》：「元昊反宋，開始時依恃的是遼朝的支持……」

一開始支持西夏對抗宋，

軍事科學院《中國軍事通史》：「……遼統治者也有意利用夏宋對立來坐收漁人之利，於是雙方在共同對宋的基礎上結成了聯盟。」

等宋給了它**好處**後，

軍事科學院《中國軍事通史》：「慶曆二年（1042年），正當夏宋交戰方酣時，遼興宗乘火打劫……腐敗無能的宋政府在遼的虛聲恫嚇之下，『為之旰食』，最終答應每年在30萬歲幣的舊額之外，向遼增納銀10萬兩，絹10萬匹……」

軍事科學院《中國軍事通史》：「西夏對宋用兵的節節勝利，給遼朝以極大的震撼，引起了遼統治者的極度嫉視和不安……遼於慶曆三年（1043年）遣使敦促西夏停止對宋戰爭，甚至不惜以重兵壓境，壓西夏與宋議和。」

它又回過頭來**逼迫**西夏**停戰**。

反正……就是**挺亂的**。

在這場鬥爭中，

宋、遼、夏都被**捲了進去**。

白壽彝《中國通史》：「元昊同遼為『甥舅之親』，奉行倚遼抗宋之策；遼則利用夏宋對立，向宋討價還價，從中漁利，甚至以犧牲夏國利益從宋朝得到實惠，這引起了元昊的不滿。夏遼之間其時又發生爭奪領屬部落的糾紛，導致關係惡化，聯盟開始破裂。」

最終在三方**相互作用**下，
宋、夏兩國決定停戰。

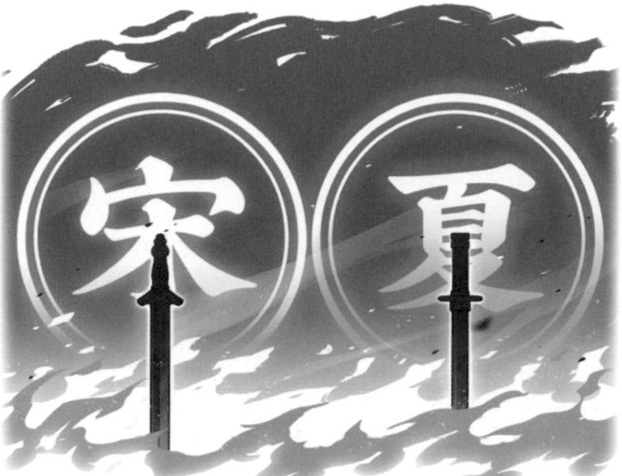

虞雲國《細說宋朝》：
「宋、遼、夏三國關係在當時的互動變化，也促使宋朝與西夏必須儘快與對方媾和……」
張豈之《中國歷史．隋唐遼宋金卷》：
「宋朝與西夏的長期交戰，雙方皆困……加上這時遼、夏關係開始緊張，為避免兩面受敵，所以元昊不得不向宋請和。宋朝經過多次大戰，傷亡慘重，也急於結束戰事。」

這就是歷史上的**「慶曆和議」**。

翦伯贊《中國史綱要》：
「元昊在慶曆四年（1044年）又表示願與北宋重訂和議。雙方於當年議定：西夏取消帝號，仍由宋冊封為夏國王，宋廷每年在各種名義下給與西夏銀7萬兩、絹15萬匹、茶3萬斤，重開沿邊榷場市易，恢復民間商販的往來。」

慶曆和議是宋朝**對外**的又一次**妥協**，

西夏作為極小的國家，
卻取得了對大宋的勝利，充分**展現**了它的**實力**。

白壽彝《中國通史》：
「元昊對宋、遼戰爭的勝利，
顯示了西夏的實力……」

至此，宋、遼、夏呈**三足鼎立之勢**。

鍾侃、吳峰雲、李范文《西夏簡史》：
「西夏在建國之初，與宋、遼連續進行了幾次大的戰役，在軍事上取得了重大的勝利，在政治上也爭得了與宋、遼平等的地位。從此以後，儘管西夏在形式上仍須向宋、遼稱臣納貢，但實際上卻完全成為中國西北地方的一個軍事強國，形成了宋、遼、夏鼎立的局勢。」

慶曆和議的簽訂

雖然使宋、夏兩國百姓**免受戰火困擾**，

朱紹侯《中國古代史》：

「慶曆四年（1044年），宋、夏重訂合約：規定元昊取消帝號，仍由宋朝冊封為夏國主……西夏的青白鹽和漢族的茶、布、穀物在市場流通，漢族的先進文化傳入西夏，西夏的歌舞也傳到內地。在以後的二十多年時間裡，宋夏人民和睦相處，共同建設和開發邊疆地區。」

但屢戰屢敗的宋皇朝將**何去何從**呢？

（且聽下回分解。）

編者按

宋朝在對西夏作戰中的屢戰屢敗，與國內積弱的形勢不無關係。宋真宗與遼簽訂澶淵之盟後，宋朝上下滿以為邊境威脅已經消失，對於國防和軍備不再重視；加上真宗早逝，仁宗趙禎年幼，把持朝政的太后劉氏信用奸臣，貶黜賢能，將朝政搞得一團糟，宋朝的國力也遭到了巨大的消耗。到仁宗親政後，宋朝已經是兵不能打，將不善戰，面對來勢洶洶的西夏自然是有心無力了。而反觀此時的西夏，不僅處於剛剛建國、蓬勃發展的時期，還有李元昊這樣能征慣戰的領袖。所以，有歷史學家將這一時期的夏宋關係概括為「一個強盛向上而貧窮的小國與一個積弱衰敗而富裕的大國的對峙」，是有道理的。

李元昊——煎餅（飾）

趙禎——水餃（飾）

參考來源：《宋史》、《西夏書事》、《續資治通鑑長編》、陳振《宋史》、白濱《元昊傳》、吳泰《宋朝史話》、張蔭麟《兩宋史綱》、吳天墀《西夏史稿》、虞雲國《細說宋朝》、白壽彝《中國通史》、翦伯贊《中國史綱要》、朱紹侯《中國古代史》、黃燕生《宋仁宗 宋英宗》、軍事科學院《中國軍事通史》、鐘侃等《西夏簡史》、張豈之《中國歷史 · 隋唐遼宋金卷》

附錄

【太貴不吃】

有一次趙禎收到官員獻上來的蛤蜊，
一問價錢，
一枚蛤蜊居然要一千錢，
於是他嫌貴不吃了。

【仁宗忍餓】

趙禎很節儉。
有一次，他突然想吃燒羊，
又擔心自己說了以後
御廚要天天準備，
於是為了避免浪費，忍了一晚上。

【包青天】

趙禎有個後世聞名的臣子——包拯。
由於他不畏權貴，辦事公正，
經過後世的傳頌，
就有了個外號叫作「包青天」。

一群喵檔案

水餃小劇場

《充滿陽光》

水餃！怎麼辦？我的花快枯萎了。
確實啊，看起來有點嚴重。
我估計是最近天氣陰冷……
花沒有照到太陽的緣故……
咦？那為什麼你的植物都沒有問題啊？
這都是什麼設定啊！
因為我每天充滿陽光！

《助人為樂》

天哪！誰在室內煮螺螄粉啊！還煮糊了！
算了，還是幫忙處理乾淨好了。
朋友之間就是應該互相幫忙的！
消毒
啊！終於把鍋拯救回來了。
咦？我煮的奶油湯呢？
啥？剛才那個是奶油湯？

水餃

白羊座

生日：4 月 1 日

身高：177 公分

喜歡的書籍類型：體育雜誌

最愛去的地方：模型店

（水餃擬人介紹）

水餃的機甲
Shuijiao's Mecha

第一百二十一回 ◉ 熙寧變法

加強中央**集權**

是宋皇朝建國以後的**基本政策**，

白鋼《中國政治制度通史》：

「宋朝統治者充分吸取唐、五代弊政的歷史教訓，為了嚴密防範文臣、武將、女后、外戚、宗室、宦官等六種人專權獨裁，制訂（定）出一整套集中政權、兵權、財權、立法與司法權等的『祖宗家法』。」

然而這個政策在鞏固政權的同時，

也產生了**很大的問題**，

朱紹侯《中國古代史》：

「北宋加強中央集權的措施，對解決藩鎮跋扈，維護國家統一，起了重要作用，在客觀上也有利於當時社會經濟的發展。但是這些措施具有很大局限性……」

這就是**三冗問題**。

為了鞏固統治，
宋朝**對內**需要**分權**，

白鋼《中國政治制度通史》：「從（宋）太祖開始，用設官分職、分割各級長官事權的辦法，將權力集中於皇帝，削弱了各級長官的權力。」

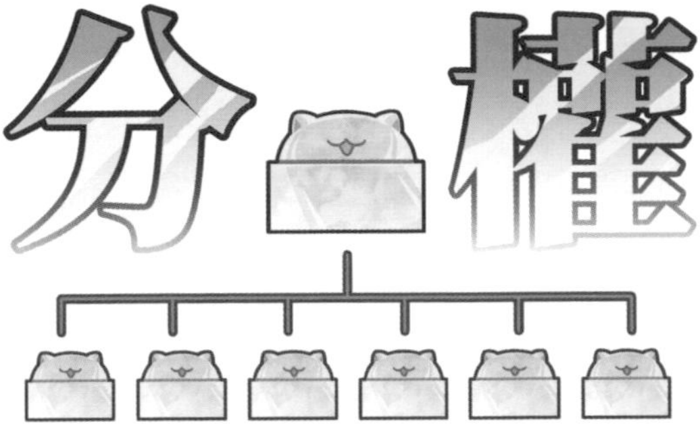

於是搞**很多官員**，

虞雲國《細說宋朝》：「宋朝為達到權力分散的目的，官僚機構牽制重疊……僅仁宗皇祐年間（1049—1053 年）就比真宗景德年間（1004—1007 年）的官員數增加一倍。」

這個叫**冗官**。

吳泰《宋朝史話》：「官僚人數惡性膨脹，官僚機構嚴重臃腫，官員奢靡腐化，辦事因循自守，無所作為，十個地方官中找不出一個得力的人。這就是宋仁宗時期的『冗官』之弊。」

對外需要**防止入侵**，

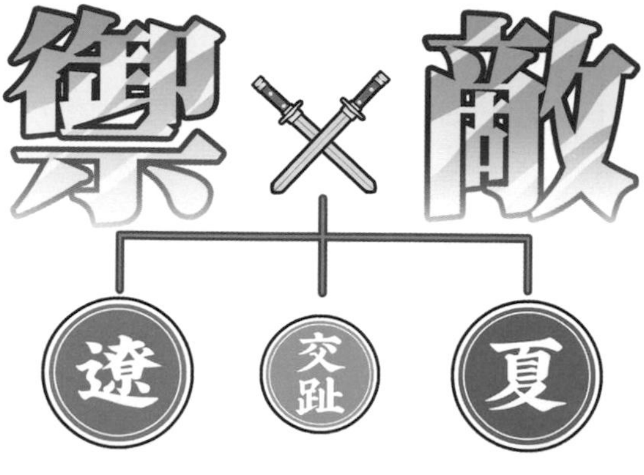

白壽彝《中國通史》：「宋自建國之日起就同遼保持著對峙的局面，遼一直是宋在北方邊境上的威脅。」「在邊境上除遼外，新興於西北的夏（西夏）是對宋的又一威脅勢力。」

於是需要**很多兵**，

蔡美彪《中國通史》：「宋太祖時選練禁軍，成為作戰的精銳，全國有禁軍十九萬三千……仁宗時，對西夏用兵，各路郡縣招募兵士補充禁軍。禁軍激增到八十二萬六千人，全國軍隊總計一百二十五萬九千……」

這個叫**冗兵**。

吳泰《宋朝史話》：「到宋仁宗慶曆年間（公元一〇四一－一〇四八年），因為對西夏戰爭，北宋軍隊總數更激增到近一百二十六萬人……這就是從宋初發展到宋仁宗時期的『冗兵』之弊。」

而養官養兵需要**超多錢**，

張豈之《中國歷史．隋唐遼宋金卷》：
「官員和軍隊人數的激增，給北宋財政帶來嚴重的影響。宋代官員，待遇極其優厚。養兵的開支更為驚人，軍隊年支出約占財政總收入的5/6。」

這個就是**冗費**。

吳泰《宋朝史話》：
「官員和軍隊人數的激增，給北宋王朝的財政帶來嚴重的影響……這就是宋仁宗統治時期的『冗費』之弊。」

三冗問題就跟一個旋渦一樣，
不斷**吞噬著國家財政收入**。

吳泰《宋朝史話》：
「由於『冗官』『冗兵』及各種靡費所造成的『冗費』……北宋的國庫總是年年入不敷出。宋仁宗慶曆年間（公元一〇四一—一〇四八年），宋朝每年的財政虧空竟達三百萬緡以上。」

政府因財政收入不足而**剝削百姓**，

蔡美彪《中國通史》：
「真宗、仁宗時，消費巨大，不但沒有盈餘，而且『年年虧短』……宋朝的財政日益陷入了危機。」「宋朝的財政入不敷出，便不斷增加對人民的剝奪……」

造成了國家**積貧**，

漆俠《王安石變法》：
「如果說積貧包含著兩個意義，就是冗官、冗兵所造成的國家財政的困難（國窮），以及為解決財政困難而擴大賦斂所造成的勞動人民的貧困（民貧）……」

百姓又因為無法忍受剝削而**不斷起義**。

朱紹侯《中國古代史》：
「隨著吏治的腐敗和封建剝削的加重，到慶曆年間，以農民和士兵為主體的起義不斷壯大……而且從以前統治力量較薄弱的邊遠地區發展到統治力量較強大的腹心地區。」

加上**遼**、**夏**的**侵擾**，

吳泰《宋朝史話》：
「遼、西夏和……都是當時中國境內某個少數民族建立的政權，都不斷對宋朝進行侵擾。」

這就形成了國家**積弱**。

漆俠《王安石變法》：

「那麼積弱也包含兩個意義，這就是：宋封建統治對內日益不能控制農民的暴動，對外日益無力抗拒遼夏的侵擾。」

積貧又積弱的狀況
已經讓宋朝到了**危急關頭**，

仲偉民《宋神宗》：

「『積貧』是指國家財政狀況窘迫……『積弱』是指軍隊雖然數量龐大，但毫無戰鬥力，在與遼、西夏的邊境衝突中，敗多勝少……由此而帶來國內各種矛盾的激化，使國家處於非常危險的狀態。」

於是乎，宋的統治者開始意識到**改革**的**緊迫性**。

翦伯贊《中國史綱要》：

「爆發在宋仁宗慶曆年間的這許多次武裝鬥爭事件……使得北宋的最高統治集團認識到，他們已經處在危機四伏的情況之中，因而想找出緩和階級矛盾的對策來挽救這一危機……」

而這也使一個**喵登上了歷史舞臺**，

翦伯贊《中國史綱要》：
「……慶曆年間范仲淹的改革，以及後來……的變法，就都是這一時期階級鬥爭的副產物。」

他就是**王安石喵**。

《宋史．卷三二七》：
「王安石，字介甫，撫州臨川人。」

安石喵是個**官二代**，

《宋史．卷三二七》：
「父益，都官員外郎。」

爸爸是個**好官**，

鄧廣銘《北宋政治改革家王安石》：「王安石的父親名叫王益，是一個有志於在從政的實踐中作出一番事業，對社會有所貢獻的人。」

去到哪兒任職都**為民著想**。

鄧廣銘《北宋政治改革家王安石》：「他只在地方上做了幾任知縣和知州，但凡所到之處，總盡力做一些除暴安良，興利除弊的事，因而全都有治績，去職後也都有遺愛。」

媽媽也是個**知識份子**，

鄧廣銘《北宋政治改革家王安石》：「王安石的母親姓吳，是一位有較高文化水準並且有高見卓識的婦女。」

所以安石喵**從小**就**熱愛學習**。

《宋史．卷三二七》：
「安石少好讀書，一過目終身不忘。其屬文動筆如飛，初若不經意，既成，見者皆服其精妙。」

因為父親做官的緣由，
安石喵**觀察到**了很多**社會問題**，

吳泰《宋朝史話》：
「其（王安石）父王益做過幾任州縣長吏。王安石在青少年時期隨其父到過許多地方，對宋朝的社會問題有了一些感性的認識。」

所以他也有為社會做**一番事業**的想法。

《宋史．卷三二七》：
「安石議論高奇，能以辨博濟其說，果於自用，慨然有矯世變俗之志。」

安石喵非常專心**研究學術**，

鄧廣銘《北宋政治改革家王安石》：
「從景祐四年（1037年）夏季到慶曆元年（1041年）……（王安石）專心致志地去研究學術，並且以古代的曾為人類作出重大貢獻的契、稷那類人物自許……」

而且還**深入**到**基層**做**調查研究**。

鄧廣銘《北宋政治改革家王安石》：
「……他（王安石）還喜歡進行一些調查訪問。特別是對於那些在各種生產事業方面最富有實踐經驗的『農夫女工』，他更是『無所不問』，藉以驗證從書本得來的知識是否真實可靠。」

可以說這樣知行合一的做法，
使得他對事物的**見解**往往**遠超同時期**的官員們。

鄧廣銘《北宋政治改革家王安石》：
「這樣的一些學習和驗證的做法，就使得王安石不但對於古代典籍具有真切、獨到的體認，而且對於現實社會中某些現象和問題具有深刻的體察，也就遠遠超出於與他同時代的一般讀書人和士大夫們之上了。」

等到他開始當官，
更是表現出了**不凡**的**治理才能**。

《宋史．卷三二七》：
「（王安石）擢進士上第，簽書淮南判官……再調知鄞縣，起堤堰，決陂塘，為水陸之利；貸穀與民，出息以償，俾新陳相易，邑人便之。」

而這樣的表現，
自然**引起**了皇帝的**注意**。

白壽彝《中國通史》：
「宋神宗即位前即已關心國家大事，僚屬韓維不時將好友王安石的見解告訴神宗……神宗即位時，王安石已經獨負天下盛名多年……」

於是乎，在皇帝的任命下，
安石喵**開始**了一場轟轟烈烈的**變法**。

蔡美彪《中國通史》：
「一〇六九年（熙寧二年）二月，神宗起用王安石為參知政事，開始了變法。」
《宋史．卷三二七》：
「（宋熙寧）二年（1069年）二月，（王安石）拜參知政事……而農田水利、青苗、均輸、保甲、免役、市易、保馬、方田諸役相繼並興，號為新法，遣提舉官四十餘輩，頒行天下。」

這就是歷史上的**熙寧變法***。

吳泰《宋朝史話》：
「在中國歷史上影響深遠的『熙寧變法』就在宋神宗發動下，在王安石主持下，大張旗鼓地開展起來了。」

* 熙寧變法又稱王安石變法。

宋朝其實是個**「大手大腳」**的皇朝，

無論是養**皇帝**還是養**官兵**都**很花錢**。

蔡美彪《中國通史》：
「皇室的侈靡和大量的冗官冗兵，使宋王朝的消費逐年增加……據《宋史．食貨志》記載，一〇六五年（英宗治平二年），朝廷的剝削收入，達到一億一千六百十三萬，但這年朝廷的支出有一億二千三百三十四萬……」

應對入侵更是**能花錢就花錢**，

蔡美彪《中國通史》：
「真宗面對遼兵的進攻，訂立澶淵之盟，劃定疆界，歲輸銀絹。仁宗又以增加歲幣，換得苟安。党項族的夏國建立後，宋朝邊地連遭侵掠，一再敗退，最後也是以歲『賜』銀絹求得妥協。」

可以說在宋皇朝這裡，
能用**錢解決**的都**不是問題**。

可現在問題是什麼呢？

問題是**沒錢了**。

吳泰《宋朝史話》：

「宋仁宗統治時期每年虧空的數額達三百萬緡以上，財政危機就已經很嚴重了，英宗治平年間竟達到一千五百七十餘萬緡。」

所以在安石喵看來，

變法最重要的就是讓國家**富起來**。

《宋史．卷三二七》：

「（王安石）上萬言書，以為：『……因天下之力以生天下之財，取天下之財以供天下之費……』後安石當國，其所注措，大抵皆祖此書。」

他主要做**三個方面**，

首先是**抑制兼併**。

鄧廣銘《北宋政治改革家王安石》：
「摧制豪強兼併的口號，王安石經常提及。他不但在詩文中，還特別在與宋神宗面談時，三番五次地提及它。」

農民**種地**需要**繳稅**，

陳振《宋史》：
「田賦（兩稅）是封建國家的主要財政收入，宋初對田賦的徵收數量，大體沿襲後周及各割據政權原先的規定。」

可一旦**遇到天災**，
可能就**繳不起**了。

於是就只能跟**官僚地主**們**借錢**，

虞雲國《細說宋朝》：
「每逢青黃不接或天災人禍之際，佃農或小自耕農往往被迫向高利貸者借貸以度（渡）過難關……」

虞雲國《細說宋朝》：
「……而一旦無力歸還，就有失去土地、無以為生之虞。」
吳泰《宋朝史話》：
「官僚和豪強地主兼併土地的方式，有憑藉權勢侵吞名義上屬於官府的官田、用高利貸盤剝吞沒負債農民的田產、偽造田契強佔、趁農民貧困之機置買田產等等。」

而一旦**還不了**，
土地就會**被**官僚地主們**兼併走**。

在宋朝，很多**官僚地主**是有**不繳稅**特權的。

鄧廣銘《北宋政治改革家王安石》：
「宋王朝把官僚豪紳大地主階層作為它進行封建統治的最可靠基礎……賦予這個階層中人以種種特權……賦稅、徭役和這樣那樣的攤派、科斂，又在各種名義之下大部以至全部可以免除。」

於是乎，一方面農民無地**繳不了稅**，

陳振《宋史》：

「失去土地的民戶則採取流亡的辦法以逃避田賦的繳納，導致國家田賦收入的減少。」

而另一方面，**官僚地主**又有地卻**不用繳稅**。

朱紹侯《中國古代史》：

「北宋前期，地主侵佔土地的現象已相當嚴重……官僚、豪紳、胥吏、地主……擁有大量土地，享受免役特權，還大量隱田、漏稅。」

政府自然就**收不上**來**稅**了……

朱紹侯《中國古代史》：

「北宋政府控制的納稅土地日益減少，到英宗以後，納稅土地僅占全國耕地面積的3/10左右。」

於是安石喵規定，
每年**政府借錢給農民**，

《宋史．卷三二七》：
「青苗法者，以常平糴本作青苗錢，散與人戶，令出息二分，春散秋斂。」
朱紹侯《中國古代史》：
「青苗法……各地方政府於每年正月和五月兩次貸錢穀給農村主戶，按戶等高低規定借貸數目。借貸期限為半年，出息二分。」

這樣農民遇到天災就**不至於**拿土地去**抵押**。

吳泰《宋朝史話》：
「推行青苗法的用意，在於使農民在青黃不接時免受兼併勢力的高利貸盤剝。」

而且安石喵還**重新**丈量土地，

《宋史．卷三二七》：
「方田之法，以東、西、南、北各千步，當四十一頃六十六畝一百六十步為一方，歲以九月，令、佐分地計量，驗地土肥瘠，定其色號，分為五等，以地之等，均定稅數。」

讓大地主**無法偷漏**田稅。

白壽彝《中國通史》：
「方田均稅法。熙寧五年（1072）八月頒行……原先富戶隱瞞田產、人口，偷漏田稅，以及農戶的田產出賣後仍負擔田稅等田賦不均的情況有所改變……」

另外他還設了交錢**代替**服役的規定，

《宋史．卷三二七》：
「免役之法，據家貲高下，各令出錢雇人充役，下至單丁、女戶，本來無役者，亦一概輸錢，謂之助役錢。」

使農民們可以換取**更多種地**的**時間**。

張豈之《中國歷史．隋唐遼宋金卷》：
「免役法……把原來按戶等到州縣政府輪差的衙前等職役，改由州縣政府出錢募人應役。募人的費用由當地主戶按戶等高下分擔……這可使許多農民免除職役的束縛，回鄉務農……」

這樣一來，

農民有地種，**能繳稅**，

漆俠《王安石變法》：

「王安石提出了自己的理財方針……天下百姓從天地間（自然界）取得豐富的生活資料，天下才算富足……賦稅來源才能暢旺……」

鄧廣銘《北宋政治改革家王安石》：

「募役法（免役法）的推行和差役法的廢除，使得一大批『力田之民，脫身於公』，回到農業生產崗位上去……自然也就會使得盡可能多的土地能夠『盡其利』。」

大地主也**繳足稅**，

漆俠《王安石變法》：

「大地主階層在這次改革（熙寧變法）中受到壓制……免役法的推行，他們就不得不按自己的產業付出一筆可觀的免役錢……方田均稅法，又使這些地區的大地主按自己的田畝繳納相應的田賦。」

國家**稅收**就一下子**多了**起來。

張豈之《中國歷史．隋唐遼宋金卷》：

「從熙寧二年（1069年）王安石主持變法……使豪強兼併和高利貸者的活動受到一些限制，皇室、官僚減少了一些特權，農民減輕了部分差役和賦稅負擔，政府的財政收入大大增加……」

而且他還要求**政府對市場**進行**調控**。

白壽彝《中國通史》：
「（宋熙寧）五年（1072）初，草澤（平民）魏繼宗上書建議在首都開封設市易司，控制首都市場，增加政府收入。同年三月頒佈市易法，先在開封設市易務，後在杭州、廣州、揚州等地設置……」

政府平時會**儲備**一些**生活物資**，

市場上物資**賣不出去**時，
政府買回來**存著**。

吳泰《宋朝史話》：
「市易法——主要內容是：在京城設市易務（後改為市易司），以一百萬貫作本，負責平價收購商人滯售的貨物。」

等市場上缺貨時，
政府則**再賣**出去給**普通**商戶。

朱紹侯《中國古代史》：
「由政府撥出資金100萬貫，在開封設『市易務』，平價收購不易脫售的貨物，到市場缺貨時再賣出去。」

鄧廣銘《北宋政治改革家王安石》：
「市易務的大量設置，使得各大城市當中的豪商富賈們在商業方面的壟斷活動受到很大的限制。」

以此來**防止**奸商們囤積物資**壟斷**市場，

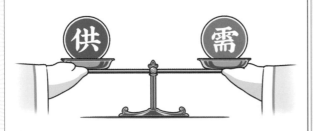

《宋史．卷一六五》：
「市易上界，掌斂市之不售、貨之滯於民用者，乘時貿易，以平百物之直。」
朱紹侯《中國古代史》：
「市易法的推行，打擊了大商人對市場的壟斷，平抑了物價，也促進了商品經濟的發展……」

避免壟斷現象的出現。

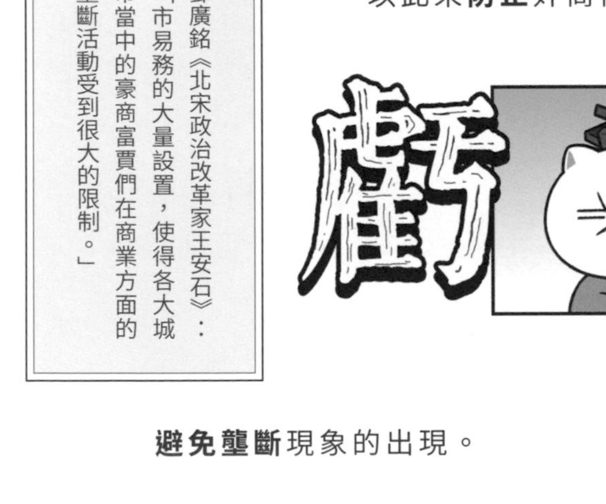

再加上一系列**強兵**和**選拔**制度的**改革**，

《宋史．卷一八八》：
「將兵者，熙寧之更制也……乃部分諸路將兵，總隸禁旅，使兵知其將，將練其士，平居知有訓厲而無番戍之勞，有事而後遣焉，庶不為無用矣。」
白壽彝《中國通史》：
「熙寧四年（1071）二月，王安石提出進行科舉改革，不再考詩賦、帖經、墨義等，而專考《五經》與《論語》《孟子》，以及論、時務策，以求錄取有用的人材（才）……」

大宋皇朝的**社會矛盾得以**適當**緩解**，

漆俠《王安石變法》：
「（王安石）變法改革是在封建統治危機形勢下誕生的，它的主旨就在於加強宋封建統治，和緩和農民的階級鬥爭。至1076年，變法改革起了這個作用，國內階級矛盾尖銳化形勢下降了。」

國家**財富**的**提升**也**十分顯著**，

吳泰《宋朝史話》：
「『熙寧變法』雖然前後推行了十八年之久，也獲得一些成果，宋朝的國庫收入大大增加，出現了府庫空前充實的局面。」
《宋史．卷三二八》：
「熙甯、元豐之間，中外府庫，無不充衍，小邑所積錢米，亦不減二十萬……」

在一定程度上**挽回**了大宋的**頹勢**。

漆俠《王安石變法》：

「情況表明，『富國』『強兵』基本上是達到了……使宋封建專制統治在頗大程度上改變了此前飄搖動盪的狀態，從而得到穩定和鞏固……王安石變法給宋封建專制統治下了一劑續命湯。」

然而，安石喵的變法卻**觸犯**了**多方**勢力的**利益**，

推進的**阻力**十分**巨大**。

朱紹侯《中國古代史》：

「王安石的變法，在發展生產、富國強兵方面收到了某些效果……但是，由於變法派觸動了北宋大官僚、大貴族、大地主集團的既得利益，引起他們激烈的反對和攻擊，推行新法舉步維艱。」

而變法本身的**問題**也**逐漸浮現**，

傅樂成《中國通史》：
「安石新法，立意雖佳，但其辦法自不可能絕對周密妥當，加以官吏奉行不善，難免有擾民的地方。」

那麼這場轟轟烈烈的**變法能**進行**到最後嗎**？

（且聽下回分解。）

編者按

宋初統治者為了防止唐末五代分裂格局的再現，以重文輕武、守內虛外等措施強化集權，當時的確有利於局勢的穩定。但隨著時代的發展，這套制度已僵化和落後，統治者卻墨守成規，最終使宋陷入積貧積弱的泥潭中。

早在宋仁宗時，范仲淹就主持了針對吏治的「慶曆新政」，進行改革的嘗試，卻因觸犯官僚群體的利益而夭折。王安石吸取教訓，避過吏治改革，著重提高生產力以增加國家收入，並根據自己在地方的經驗來制定新法。他是新法的設計師，因此熙寧變法也被稱為「王安石變法」。然而，新法在皇帝宋神宗的大力支持下才得以突破重重阻礙，順利推行。這也意味著，一旦宋神宗去世，這場變法的前途便充滿了未知數。

王安石——花卷（飾）

參考來源：《宋史》、陳振《宋史》、仲偉民《宋神宗》、吳泰《宋朝史話》、傅樂成《中國通史》、蔡美彪《中國通史》、白壽彝《中國通史》、虞雲國《細說宋朝》、漆俠《王安石變法》、朱紹侯《中國古代史》、翦伯贊《中國史綱要》、白鋼《中國政治制度通史》、鄧廣銘《北宋政治改革家王安石》、張豈之《中國歷史 · 隋唐遼宋金卷》

附錄

【髒得發黑】

王安石不太注重外表。
有一次他學生看到他臉色發黑，
以為他生病了。
結果請來的醫生說這都是髒東西，
洗洗就好了。

【文壇巨匠】

王安石在文學上的成就非常厲害，
例如《元日》就是他的作品。
有很多人反對他的變法，
卻非常佩服他的文采。

【躲到廁所】

王安石一開始不願到中央做官，
等中央的聘書送過來，
他就躲到了廁所裡，
拒絕了八、九次才無奈接受了。

百群喵檔案

花卷小劇場

《打掃1》

花卷，今天輪到咱們打掃衛生。
哦，這樣啊。
我自己來打掃就好了，你們不用幫我哦！
是的，少爺！
是的，少爺！
花卷，你真是我見過最棒的有錢仔了！
啊?!

《打掃2》

雖然你很努力，但似乎不是很乾淨。
抱歉，這是我第一次打掃……
第一次?真的從來沒幹過?!
對啊，平時家裡都是雇清潔工做的。
這樣好了，這次我自己來打掃家裡的衛生吧！
啊?!!!
一個月後
啊，你們都是自己掃的嗎？好厲害啊……
普通家庭沒你這麼大的房子！

花卷

獅子座

生日：8 月 15 日

身高：179 公分

喜歡的書籍類型：科幻小說

最愛去的地方：科技館

（花卷擬人介紹）

花卷的機甲
Huajuan's Mecha

第一百二十二回 ◉ 元祐更化

經過王安石喵轟轟烈烈的**變法**，

虞雲國《細說宋朝》：
「（1069年）朝廷設立制置三司條例司作為主持變法的機構，由宰相陳升之和王安石主其事，策劃與制定新的法規和政策，這就正式揭開了熙寧變法的大幕。」

大宋**國力**得到了一定程度的**恢復**。

翦伯贊《中國史綱要》：
「王安石的變法總歸多少緩和了當時的階級矛盾，穩定了北宋的統治。中央政府和各州縣的倉庫裡所積存的錢粟『無不充衍』，富國的效果也是十分顯著的。」

然而……也出現了**很多問題**。

翦伯贊《中國史綱要》：
「在以王安石為首的變法派所制訂（定）推行的一系列新法當中……每項新法在推行後，雖然都不免產生了或大或小的弊端。」

例如**青苗法**，

《宋史．卷一七六》：
「神宗既用王安石為參知政事，安石為帝言天下財利所當開闔斂散者，帝然其說，遂創立制置三司條例司……欲行青苗之法。」

吳泰《宋朝史話》：
「青苗法——它規定：把以往為備荒而設置的常平倉、廣惠倉的錢穀作為本錢，在夏、秋青黃不接的時候貸給農戶，稱為『青苗錢』。」

是通過政府**借錢**給農民們，

使他們不用因為**還不起**高利貸而**被**大地主**兼併**走**土地**。

虞雲國《細說宋朝》：
「青苗法……每逢青黃不接或天災人禍之際，佃農或小自耕農往往被迫向高利貸者借貸以度（渡）過難關，而一旦無力歸還，就有失去土地、無以為生之虞。青苗法即為緩和土地兼併和自耕農的貧困化趨勢而設立的。」

這本來是規定**有需要**才**借**的，

《宋史．卷三三六》：

「青苗法，願取則與之，不願不強也。」

白壽彝《中國通史》：

「青苗法。同年（1069）九月推行，也稱常平法或常平新法……讓缺錢糧的農戶根據需要向官府借錢，糧食收穫後還官，稱為青苗錢……農戶自願向本縣官府借貸……」

但一些地方官員卻為了**業績**，

要求所有農民**都得借**，

吳泰《宋朝史話》：

「『熙寧變法』雖然前後推行了十八年之久……在推行過程中又因官員們希功邀賞，不斷出現推行違背立法原意的問題，如把青苗錢的發放由民戶自願請領變為強行攤配……」

有些還**提高利息**，

吳泰《宋朝史話》：

「……增加青苗息錢等等。」

搞得農民們同樣**欠**了一屁股**債**。

《續資治通鑑長編．卷二五二》：「神宗熙寧七年（1074年）四月……判西京留守司御史台司馬光上疏曰：『……方今朝政闕失，其大者有六而已：一日廣散青苗錢，使民負債日重……』」

還有**募役法**，

白壽彝《中國通史》：「免役法，也稱募役法……免除了原先民戶按戶等輪流到官府服差役（舊法稱為差役法），改為官府出錢募人充役。」

本意是讓百姓通過**交錢**來**免除服役**。

白壽彝《中國通史》：「官府向原先充役的農村上三等戶按戶等徵收『免役錢』，向城鎮上五等戶及農村原先不服差役戶按戶等減半徵收的稱『助役錢』……」

雖然**解放**了**勞動力**出來，

朱紹侯《中國古代史》：
「募役法……可以使很多農民免除苛刻的差役，使農業生產得到較多的勞動力。」

但要交這個錢，
對一部分農民來說還是很**沉重**的。

《普通高中課程標準實驗教科書·歷史·選修一》：
「免役錢對窮人來說是沉重負擔，有些人甚至為支付免役錢而家破人亡。」

而青苗法、農田水利法、方田均稅法
則**得罪**了大地主、大官僚、大貴族集團。

鄧廣銘《北宋政治改革家王安石》：
「因『農田水利法』的施行……豪強之家也得按照他們的戶等出備工料和費用……」
漆俠《王安石變法》：
「青苗法的實施，他們（大地主）的高利貸活動遭到不小的限制……方田均稅法，又使這些地區的大地主按自己的田畝繳納相應的田賦……官員以及貴戚權勢，也因此受到限制……」

加上變法過程中，
除了王安石喵**品格高尚**外，

漆俠《王安石變法》：
「王安石是封建士大夫中的一個典型代表人物。許多宋人筆記小說都會記述王安石個人生活和作為中對聲色財利鄙視的態度。」
《豫章黃先生文集．卷三十》：
「予嘗熟觀其（王安石）風度，真視富貴如浮雲，不溺於財利酒色，一世之偉人也。」

白壽彝《中國通史》：
「王安石進行變法改革的過程中，一些改革派官員置新法中民戶自願原則於不顧，強制推行新法，虛報成績，互相攻擊，爭權奪利，乃至貪污腐化也不斷發生……」

很多官員都**貪污受賄**，

更是使變法的品質**大打折扣**。

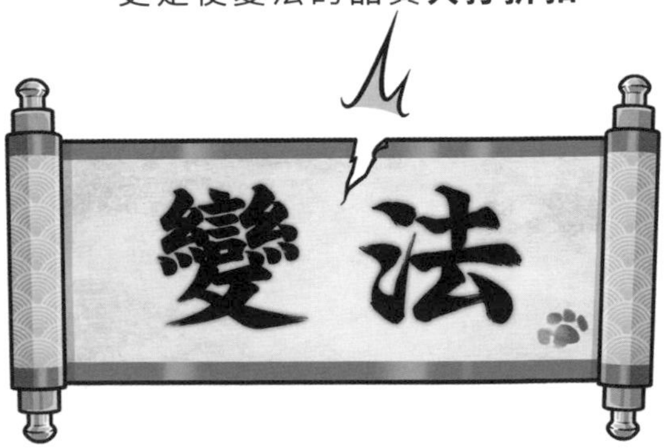

虞雲國《細說宋朝》：
「用人不當，是熙寧新政不得人心的重要原因。變法派中，除王安石個人操守尚無非議，呂惠卿、曾布、章惇……個人品質多有問題……變法派竟以『私家取債，亦需一雞半豚』，放縱新法執行中的腐敗。」

在這樣的情況下，
朝廷裡**分成**了**兩派**，

一邊是以王安石喵為首的**變法派**，

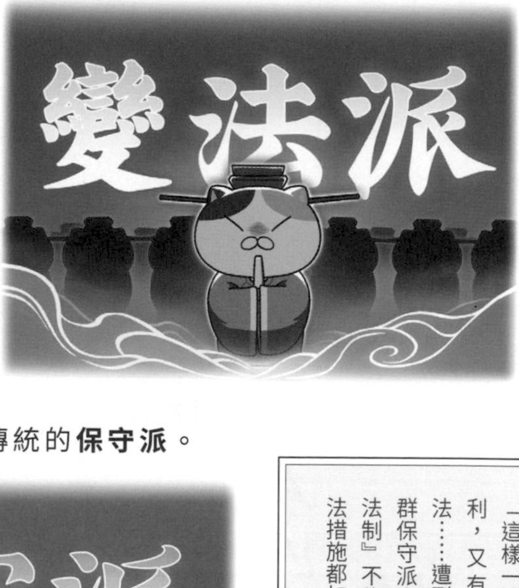

漆俠《王安石變法》：
「自改革之日始，主張和堅持變法的形成以王安石為首的變法派……」

另一邊則是維護傳統的**保守派**。

吳泰《宋朝史話》：
「這樣一場對加強宋朝的統治有利，又有一定進步意義的變法……遭到許多人的反對。」「這群保守派人物頑固地堅持『祖宗法制』不能變的立場，對任何變法措施都加以反對。」

保守派的**領袖**同樣是當時的**名臣**，

他就是**司馬光喵**。

《宋史．卷三三六》：
「司馬光，字君實，陝州夏縣人也。」
蔡美彪《中國通史》：
「一〇六八年四月，王安石到開封……司馬光認為，救災節用，應自貴近（貴官近臣）始，可聽兩府辭賜。王安石提出反對……揭開了以王安石為代表的變法派和以司馬光為代表的保守派論爭的序幕……」

光喵出身**書香世家**，

漆俠《王安石變法》：
「司馬光是陝西望族。父親司馬池、長兄司馬旦歷任州郡，是封建士大夫群中知名之士。」
程應鏐《司馬光新傳》：
「司馬池是陝州夏縣（今山西夏縣）人，世世代代讀書。」

據說他是西晉**皇族**的**後代**。

《二十四史全譯·宋史·十一冊》：
「司馬池字和中，自稱是晉安平獻王司馬孚的後代……」
《晉書·卷三十七》：
「安平獻王孚，字叔達，（晉）宣帝次弟也。」

可惜**家道中落**，

《蘇東坡全集·卷八十六》：
「公（司馬光）諱光，字君實，其先河內人，晉安平獻王孚之後，王之裔孫征東大將軍陽始葬今陝州夏縣涑水鄉，子孫因家焉。曾祖諱政，以五代衰亂不仕。」

到他**爺爺**那輩才考上**公務員**。

《蘇東坡全集·卷八十六》：
「（司馬光）祖諱炫，舉進士，試秘書省校書郎，終於耀州富平縣令。」

光喵從小就**聰明**，

《宋史・卷三三六》：

「光生七歲，凜然如成人，聞講《左氏春秋》，愛之，退為家人講，即了其大指。自是手不釋書，至不知飢渴寒暑。」

七歲時就因為**救**了**小夥伴**上了「**熱搜**」。

《宋史・卷三三六》：

「群兒戲於庭，一兒登甕，足跌沒水中，眾皆棄去，光持石擊甕破之，水迸，兒得活。其後京、洛間畫以為圖。」

長大後的光喵更是以**優異**的**成績**考上了**公務員**，

《宋史・卷三三六》：

「仁宗寶元初，（司馬光）中進士甲科。」

進入官場後的光喵因能力出眾，
很快就成為**圈中「頂流*」**。

* 頂流：指影響力和號召力強大的名人。

漆俠《王安石變法》：
「（司馬光）通過科舉考試，又一帆風順地升至『清要』之官，置身於社會上層。傳統的封建禮儀和淵博的學問……使之成為士大夫群中『穎脫不群』的人物。」

同時也認識了一個**好朋友**，

是的，
就是**王安石喵**。

《宋人軼事彙編．卷十一》：
「王荊公（王安石）、司馬溫公（司馬光）、呂申公、黃門韓公維，仁宗時同在從班，特相友善。」

他們倆**年紀差不多**，

白壽彝《中國通史》：
「司馬光（1019—1086），字君實，號迂叟，陝州夏縣涑水（今屬山西）人。」「王安石（1021—1086），字介甫，撫州臨川（今屬江西）人。」

又都是當時的**大文豪**，

《四庫全書·集部九》：
「光（司馬光）德行功業，冠絕一代，非斤斤於詞章之末者。而品第諸詩，乃極精密。」
《宋史·卷三二七》：
「王安石，字介甫……其屬文動筆如飛，初若不經意，既成，見者皆服其精妙。」

可以說**惺惺相惜**。

程應鏐《司馬光新傳》：
「司馬光幾度和他（王安石）同事，已經十多年了，對他的為人，對他的文章學問，都很佩服。」
仲偉民《宋神宗》：
「司馬光與王安石在個人關係上不錯，各自對對方的學問和人品都很尊敬。」

然而，**政治理念**上卻完全**相反**。

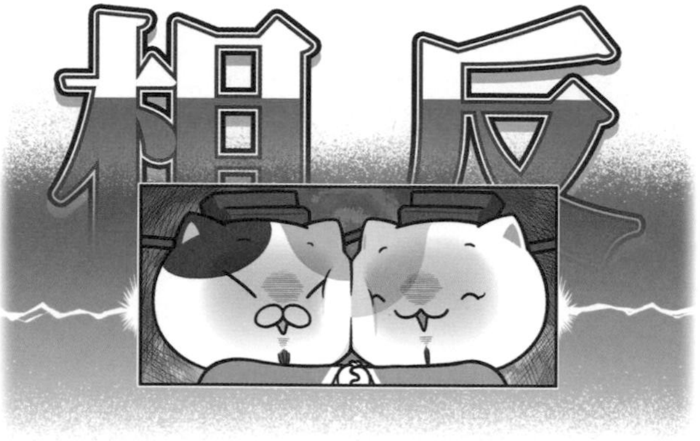

鄧廣銘《北宋政治改革家王安石》：「不論在思想上或政治上，王安石的路線和司馬光那一夥保守派的路線是截然不同的。」

安石喵是堅定的**變法派**，

漆俠《王安石變法》：「變法改革取得上述成就，同變法派特別是王安石的努力是分不開的……他不僅是日夜孜孜地進行籌措，而且更重要的是，以剛毅不拔的意志，反擊了維護豪強兼併利益的士大夫。」

認為國家只有**變法**才有**活路**。

鄧廣銘《北宋政治改革家王安石》：「王安石曾在嘉祐四年（1059年）上了一封《言事書》給宋仁宗……他認為，必須把這些舊的法度（即太祖太宗所制定的法度）加以『改易更革』，使其能適應現實局勢，才能把危機扭轉過來。」

而光喵則是**保守派**，

認為違背傳統會**危害國家**的發展，

吳泰《宋朝史話》：
「司馬光等保守派人物所以反對變法，主要理由是擔心變法對北宋統治會產生不良影響。」
《宋史．卷三三六》：
「安石得政，行新法，光（司馬光）逆疏其利害……曰：『……元帝改孝宣之政，漢業遂衰。由此言之，祖宗之法不可變也。』」

這樣截然不同的觀點
最終使兩方**「撕」了起來**。

《宋史．卷三二七》：
「安石性強忮，遇事無可否，自信所見，執意不回。至議變法，而在廷交執不可，安石傅經義，出己意，辯論輒數百言，眾不能詘（屈）。」
蔡美彪《中國通史》：
「司馬光對變法派嫉恨如仇，甚至不顧宋朝的利害，凡是王安石實行的新法，都必求罷廢而後快。」

在當時，以光喵為首的保守派

有**貴族**和**大臣**集團的**支持**，

吳泰《宋朝史話》：

「當時站在反對新法立場的，不僅有文彥博、韓琦、富弼、歐陽修等元老大臣，還有太皇太后曹氏（宋仁宗的皇后）、皇太后高氏（宋神宗之母）和宋神宗之弟趙顥等宮廷顯貴。」

而**安石喵**呢？

他有**皇帝**……

白壽彝《中國通史》：

「神宗在即位之初，耳聞目睹積貧積弱的困境，望治心切，他對王安石富國強兵的變法主張極為欣賞……如果沒有神宗的支持與配合，王安石在全國範圍內實行變法是不可能的。」

所以變法在皇帝的支持下，
強硬地**推行**了下去。

陳振《宋史》：
「王安石的變法改革，雖然是在宋神宗強有力的支持下，才能陸續推行……」

可惜……後來皇帝卻「**掛了**」。

《宋史・卷十六》：
「（1085年）三月甲午朔，立延安郡王傭為皇太子，賜名煦……戊戌，上（宋神宗）崩于福寧殿，年三十有八。」

這一「掛」，
以光喵為首的**保守派**馬上**壓過**安石喵的變法派，

白壽彝《中國通史》：
「元豐八年（1085）三月，宋神宗去世……政局發生急劇變化。同年五月，守舊派首領司馬光出任執政，次年又升任左相，而改革派官員紛紛下臺。」

而且將之前的變法**通通廢除**。

白壽彝《中國通史》：

「元豐八年（1085）三月，宋神宗病逝……司馬光在政壇上再次活躍起來……從此直至元祐元年（1086）九月病卒，為相時間很短，但盡廢新法。」

這個事件的發生使對立的**性質**發生了**變化**，

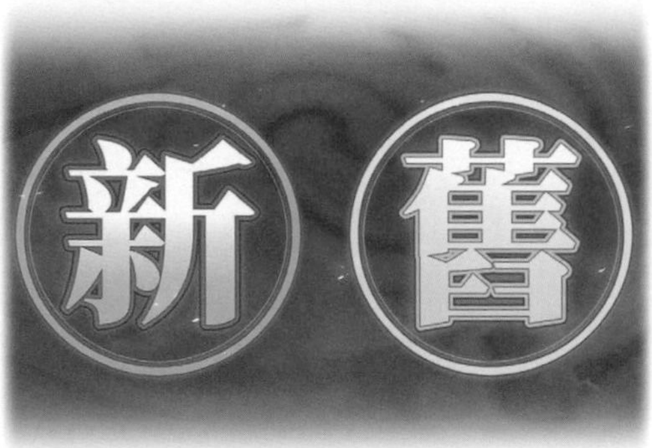

兩派之間從原本的政見不同，

升級成了**派系爭鬥**。

張豈之《中國歷史．隋唐遼宋金卷》：

「（1085）五月，司馬光任門下侍郎，在宣仁太后的支持下，開始廢除新法……」「守舊派對變法派人物所進行的打擊和迫害，使兩派之間的矛盾由此前的政見之爭變成人身攻擊，矛盾更加不能調和。」

這就是歷史上的「**元祐更化**」事件。

吳泰《宋朝史話》：
「宋神宗死後，乙太皇太后高氏和司馬光為首的守舊派廢罷新法、恢復舊法制的活動，因為是在宋哲宗元祐年間，所以後來被稱為『元祐更化』。」

在這之後，
變法派和保守派隨著政局的改變而**輪番上臺**。

朱紹侯《中國古代史》：
「元祐八年（1093年），高太后死，宋哲宗親政，重新起用變法派……無論是變法派內部或是變法派與保守派之間的鬥爭，都演變成為派系傾軋和爭權奪利的鬥爭……」

統治者是**保守派**，

蔡美彪《中國通史》：

「元符三年（一一〇〇年）正月哲宗死……神宗皇后向氏以皇太后『權同處分軍國事』。和高太后一樣，向太后也從來就是新法的反對者。」

變法派就**倒楣**。

蔡美彪《中國通史》：

「向後當權，變法派再次遭到沉重的打擊。」

統治者是**變法派**，

白壽彝《中國通史》：

「建中靖國元年（1101）十一月，鄧洵武首創徽宗應紹述神宗之說，攻擊左相韓忠彥並推薦蔡京為相……為徽宗所採納……明確宣示放棄調和政策，改為崇法熙寧變法。」

保守派就**遭殃**。

張豈之《中國歷史．隋唐遼宋金卷》：
「蔡京當政後，以變法派自居……在徽宗的支持下，弄權取勢，排除異己，大興黨獄，進一步打擊元祐黨人……」
注：元祐黨人為保守派。

每次一邊上臺就會**清洗**另一邊勢力，

派系爭鬥成為了**主要政事**。

白壽彝《中國通史》：
「在哲宗親政時期（1093—1100），打擊守舊派愈演愈烈，成為主要政事，而不是集中精力進行改革，其情況同守舊派當政的元祐時期相類似……」「徽宗時期（1100—1126）始終是蔡京及其黨羽的天下，他們打著紹述神宗改革的旗號，作為排斥異己打擊反對者的幌子。」

百姓生活**無人問津**，

白壽彝《中國通史》：

「蔡京等打著紹述新法的旗號，無惡不作，賄賂公行，賣官鬻爵……巧立名目，增稅加賦，搜刮民財。」

最終搞得**奸臣當道**。

陳振《宋史》：

「經歷元祐、紹聖的反復以後，改革派已經分裂、變質。宋徽宗重用的蔡京就是個變質分子，當時形成以他和王黼為首，勾結宦官童貫、梁師成，以朱勔、李彥為爪牙的『六賊』腐朽統治集團。」

宋皇朝進入了它歷史上最**黑暗腐朽**的時期，

吳泰《宋朝史話》：
「從『元祐』到『崇寧』十幾年間，宋朝政局的屢變及黨爭的惡性發展，統治集團內部愈演愈烈的相互傾軋，使得北宋的政治更加黑暗，統治力量也進一步削弱了。」
「宋徽宗以蔡京為宰相，同蔡京結成統治集團，使北宋的統治進入最黑暗、最腐朽的時期。」

張豈之《中國歷史·隋唐遼宋金卷》：
「宋徽宗、蔡京統治集團前後 20 年的腐朽統治……終於爆發了方臘領導的起義。」
吳泰《宋朝史話》：
「宋徽宗雖然鎮壓了震撼東南的方臘起義，度過了農民革命帶來的一場統治危機，但是，東北地區……的崛起，卻使北宋王朝面臨覆滅的命運。」

而就在宋皇朝墜入深淵時，

有一個**民族**即將**崛起**。

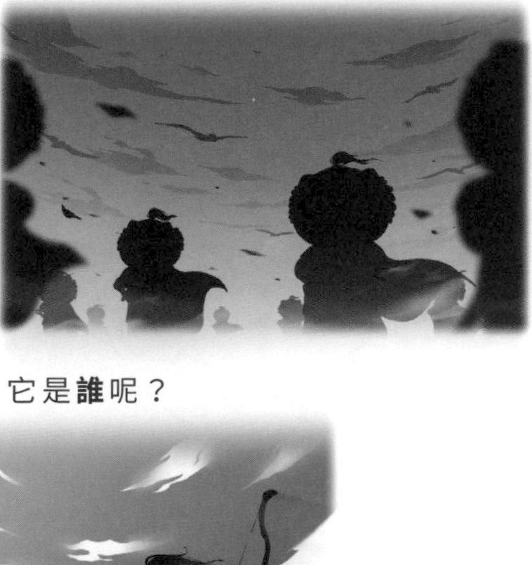

它是**誰**呢？

（且聽下回分解。）

編者按

對於深陷「三冗」泥沼的宋皇朝而言，熙寧變法無疑是一場成效顯著的變法，王安石亦是一代偉大的改革家。但變法過於依賴皇權，並且沒有及時處理變法中出現的貪污腐敗、強行攤派等問題，使一些利民措施變為害民，給了反對改革的保守派以攻擊的口實，最終也釀成了新法失敗的結局。

實際上，司馬光和王安石的初衷都是為了維護宋朝的統治。王安石偏激進，對宋朝的傳統制度多持否定態度；而司馬光則偏保守，不願接受變法中好的一面。這使二人最終走向對立，但更重要的是，保守派在廢除新法以後，並不能拿出對國家更有利的方案，於是國家又回到了從前「積貧」、「積弱」的老樣子，而宋朝的結局也就顯而易見了。

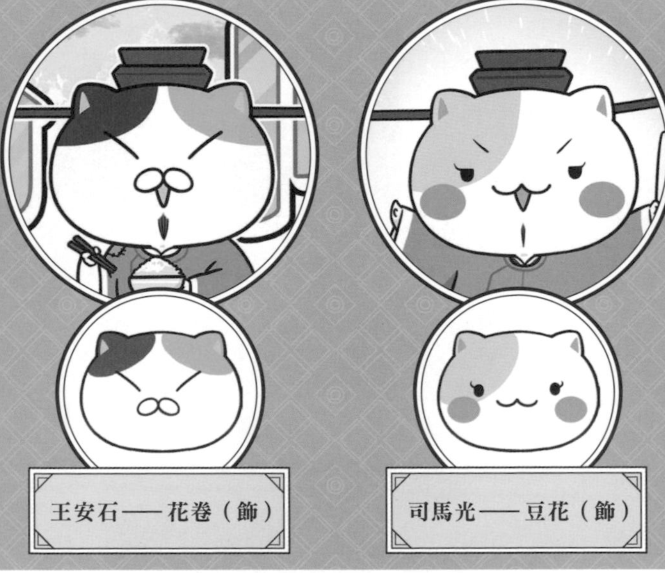

參考來源：《宋史》、《晉書》、《四庫全書》、《蘇東坡全集》、《宋人軼事彙編》、《續資治通鑑長編》、《豫章黃先生文集》、陳振《宋史》、吳泰《宋朝史話》、虞雲國《細說宋朝》、白壽彝《中國通史》、蔡美彪《中國通史》、翦伯贊《中國史綱要》、朱紹侯《中國古代史》、程應鏐《司馬光新傳》、漆俠《王安石變法》、鄧廣銘《北宋政治改革家王安石》、張豈之《中國歷史・隋唐遼宋金卷》、仲偉民《宋神宗》、《普通高中課程標準實驗教科書・歷史・選修一》、《二十四史全譯・宋史・十一冊》

附錄

【「司馬牛」】

保守派有個大文豪叫蘇軾。
他因為與司馬光政見不合，
給司馬光取了「司馬牛」的綽號，
指司馬光就是頭老倔牛。

【《資治通鑑》】

司馬光寫過一部書叫《資治通鑑》，
這部書記錄了從戰國到五代末
共1300多年的歷史，
有非常高的價值。

【謙謙君子】

王安石和司馬光雖然政見不合，
但當王安石去世時，
其他人急於跟他撇清關係，
只有司馬光一直牽掛這位老朋友。

百群喵檔案

豆花小劇場

《暗示》

《實驗》

豆花

天秤座

生日：10 月 16 日

身高：165 公分

喜歡的書籍類型：歷史文獻

最愛去的地方：博物館

（豆花擬人介紹）

豆花的機甲
Douhua's Mecha

第一百二十三回◉女真建國

自元祐更化之後，
宋皇朝就**陷入**到**混亂**之中，

虞雲國《細說宋朝》：
「神宗去世的當年（1085年）七月，首先廢除的是保甲法……廢除新法工作雷厲風行地推開，史稱『元祐更化』。」
吳泰《宋朝史話》：
「『元祐更化』不僅把北宋的統治拖回變法以前『積貧』『積弱』的老路，還使得統治集團內部的矛盾變得更加尖銳，更加複雜。」

統治階級昏庸**腐朽**，

朱紹侯《中國古代史》：
「崇寧元年（1102年）七月，假變法派分子蔡京任右相，從此，宋徽宗與蔡京等人一夥，組成一個極端腐朽的統治集團，其黑暗統治長達二十餘年之久。」

農民**起義**此起彼伏。

朱紹侯《中國古代史》：
「宋徽宗宣和二年（1120年），方臘聚眾起義……隊伍擴大到近百萬人，東南大震。」「在方臘起義之際，宋江領導的起義軍也活躍於河北、京東、淮南各地。他們打出『劫富濟貧』旗號，殺貪官、除惡霸……」

而此時宋的兩個老對手——
遼和西夏**也沒好**到哪兒去。

西夏從第二代皇帝開始就都是**年幼即位**，

白壽彝《中國通史》：
「夏元昊大慶三年（宋景祐五年，1038）十月十一日，元昊在野利仁榮、楊守素等親信大臣的擁戴下，在興慶府南郊築壇，正式登上了皇帝的寶座，國號稱大夏（史稱西夏）……」
「元昊死後，相繼的諒祚和秉常兩代皇帝都是幼年即位……」

皇室**內鬥**不斷，

白壽彝《中國通史》：
「元昊死後子諒祚即位……由母舅沒藏訛龐擁立……奲都三年（1059），諒祚12歲……五年，沒藏訛龐父子陰謀殺害諒祚……（李諒祚）即派大將漫咩擒殺訛龐父子及其家屬……」

政權則完全**旁落**。

蔡美彪《中國通史》：
「一〇八六年，夏崇宗乾順繼位，年只三歲。惠宗秉常復位時，梁乙埋女（乙逋妹）立為皇后，生乾順。梁氏一家二后，連續操縱兩朝政事。崇宗即位，夏國政權又歸於梁乙逋和梁太后兄妹。」

北邊的遼朝雖然**國力雄厚**，

白壽彝《中國通史》：
「自保寧元年（969）景宗即位至聖宗統和二十七年（1009），承天太后先後以皇后和太后的身份執掌朝政40年，在政治、經濟、軍事領域進行了一系列改革，增強了遼朝的國力……」
李桂芝《遼金簡史》：
「聖宗時期（983—1031年），遼朝的統治達到了鼎盛，遼政權完成了封建化進程。」

卻無奈**昏君輩出**，

李桂芝《遼金簡史》：
「太平十一年（興宗改景福元年，1031年），遼聖宗死，長子耶律宗真即位，為遼興宗……興宗熱衷於佛、道……逐漸滋長了奢靡逸樂的習氣。」
蔡美彪《中國通史》：
「興宗長子洪基……一〇五五年興宗死後，繼皇帝位（道宗）……貴族內部繼續相互傾軋，遼朝的統治越來越黑暗了。」

為了享樂，
更是不斷**剝削**本國**百姓**。

李桂芝《遼金簡史》：
「壽昌七年（天祚即位後改元乾統，1101年），遼道宗耶律洪基死，其孫延禧即位，為天祚皇帝。」「天祚帝君臣日以游畋射獵為事，爭比享樂，誇示富強。除加重對人民的剝削外，又侵占國庫和地方官府的財物……官僚事事聚斂，吏員肆行不法。」

這之中就有一個民族
在遼統治過程中**受盡壓迫**，

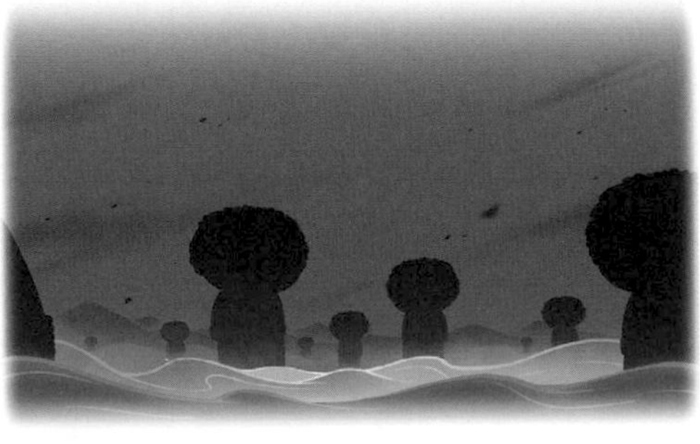

陳述《遼代史話》：
「在契丹貴族統治下的各族人民……在遼境的南部，也就是燕雲地區，主要是漢族人……東部和東北，主要是女真族人……再往東北直到海上，是捕魚射獵的吉裡迷、兀底改等。」
楊樹森《遼史簡編》：
「在遼朝的殘酷統治下，包括契丹族在內的各族人民，一直是契丹貴族壓迫剝削的對象。」

那就是**女真**一族。

白壽彝《中國通史》：
「女真先世稱肅慎、挹婁、勿吉、靺鞨。女真源出自靺鞨七部中的黑水靺鞨……」
張博泉《金史簡編》：
「遼末，契丹統治者已極端腐敗。他們除每年向女真徵求貢馬萬匹等物以外，還從其他方面加緊對女真人奴役和勒索，造成女真人的極大災難。」

女真是生活在**東北**地區的**游牧民族**，

賀衛光《中國古代游牧民族經濟社會文化研究》：
「從五代到元明清以後，先後興起了許多強大的游牧民族，如契丹族、女真族、党項族、蒙古族和滿族等。」
楊樹森《遼史簡編》：
「女真族是我國東北少數民族中古老的民族之一。」

在他們那兒，
不僅盛產**珍珠**，

李錫厚、白濱《遼金西夏史》：
「北宋徽宗崇寧年間，開封統治集團奢侈之風日甚一日，宮禁中競尚北珠。這種珍珠是北宋通過榷場貿易從遼朝獲得的，而遼朝則取之於生女真地區，其美者大如彈子，小者如梧桐子。」

還有**獵鷹**。

《文獻通考．卷三二七》：
「先是女真歲以北珠、貂革、名馬、良犬，及俊鷹海東青貢於契丹。海東青者，小而健，能擒天鵝，爪白者尤以為異……」

剛好……

這兩樣都是遼貴族們**喜歡**的東西，

張博泉《金史簡編》：
「海東青是一種小而強健的獵鷹……契丹皇帝與貴族最好打獵，酷愛海東青。」
李桂芝《遼金簡史》：
「遼東海汊中所產珍珠十分名貴，稱為北珠……宋徽宗生活腐化奢侈，『宮禁競尚北珠』……天祚也受其影響，頗慕宋徽宗所為，契丹貴族也開始了對北珠的崇尚。」

所以遼朝不僅要求女真喵給他們**上貢**，

軍事科學院《中國軍事通史》：
「女真世受遼轄治，每年向遼納貢。遼每年從女真部落勒索大量的馬匹、北珠、貂皮、良犬、海東青（鷹）等貢品。」

還動不動就**打罵**女真喵。

欺
壓
蠢貨哈哈！

軍事科學院《中國軍事通史》：「遼還在寧江州設立榷場同女真人進行貿易，但在實際交易中不僅『低其值』強市女真人的貨物，甚至對女真人進行拘辱和無端毆打，號稱『打女真』。」

這是個誰都**難忍**啊！

憋
屈

在這樣的情況下，
女真族迫切**需要**一位**領導者**
來帶領他們擺脫遼的控制。

氣死老子啦！
不想忍了！

楊樹森《遼史簡編》：「天祚帝即位以後，契丹貴族對女真族的壓榨和勒索，更是變本加厲……遼朝對女真族的暴行，激起女真人民無比的憤恨和強烈的反抗。為了反抗遼朝的奴役，都集結在……的周圍。」

這項**重任**落到了一個喵的肩上，

他就是**完顏阿骨打喵**。

白壽彝《中國通史》：
「完顏阿骨打，後改漢名旻。按出虎水（今黑龍江哈爾濱東南阿什河）女真完顏部人。」
《契丹國志．卷十》：
「女真服屬大遼二百餘年，世襲節度使，兄弟相傳，周而復始。至天祚朝，賞刑僭濫，禽色俱荒……諸部怨叛，潛結阿骨打，至是舉兵謀叛。」

從阿骨打喵的**太太太……爺爺**開始，
就是女真的部落**首領**，

白壽彝《中國通史》：
「女真人完顏部自始祖函普以來，歷代祖先世為首領……阿骨打的祖父景祖烏古迺任聯盟長時，接受遼朝加給的『節度使』稱號。阿骨打之父劾里鉢、叔父頗剌淑及盈歌繼任聯盟長……」

所以他的**身份**十分**尊貴**。

阿骨打喵**天生大力**，

《金史．卷二》：
「（完顏阿骨打）幼時與群兒戲，力兼數輩，舉止端重……」
白壽彝《中國通史》：
「阿骨打是劾里缽的次子。史稱他從小就力氣驚人……」

十幾歲就**擅長騎射**，

《金史．卷二》：
「（完顏阿骨打）十歲，好弓矢。甫成童，即善射。一日，遼使坐府中，顧見太祖（完顏阿骨打）手持弓矢，使射群烏，連三發皆中。」

長大後更是四處征戰，

功勳卓著，

《金史．卷二》：
「世祖伐卜灰，太祖（完顏阿骨打）因辭不失請從行……太祖年二十三，被短甲，免冑，不介馬，行圍號令諸軍。」
白壽彝《中國通史》：
「盈歌任聯盟長時，阿骨打率軍追殺溫都部跋忒、破留可城、取塢塔城、伐蕭海里，戰功赫赫。」

最終**成為**了女真一族的**首領**。

《遼史．卷二十七》：
「壽昌七年（1101年）正月甲戌，道宗崩，（天祚帝）奉遺詔即皇帝位於柩前……初，以楊割為生女直（真）部節度使，其俗呼為太師。是歲楊割死，傳於兄之子烏雅束，束死，其弟阿骨打襲。」

是不是**很帥**！

可惜……在遼朝眼裡，
阿骨打喵卻**啥也不是**。

楊樹森《遼史簡編》：
「以天祚帝為首的遼統治集團，不圖進取，對各族人民的不滿情緒漠然處之……蕭奉先兄弟『緣恩宮掖，專尚諂諛，朋結中人，互為黨羽』，專以球獵聲色取悅於天祚帝，卻得到了絕對信任。」
《遼史．卷一〇二》：
「奉先曰：『彼（完顏阿骨打）粗人，不知禮義……』」

在某次宴會上，
遼皇帝就**羞辱**了他，

《遼史．卷一〇二》：
「天慶二年（1112年），上（天祚帝）幸混同江釣魚。故事，生女直（真）酋長在千里內者皆朝行在。適頭魚宴，上使諸酋次第歌舞為樂。至阿骨打，但端立直視，辭以不能。再三旨諭，不從。」

甚至還想**幹掉他**。

《遼史．卷一〇二》：
「上（天祚帝）密謂奉先曰：
『阿骨打跋扈若此，可托以邊事誅之。』」

最後雖然**命保住了**，

《金小史．卷一》：
「遼君（天祚帝）如混同江釣魚，諸酋歌舞為樂，阿骨打辭，遼君惡而欲誅之，其臣蕭奉先以為無能為，乃止。」

但那也是遼朝覺得，
女真族根本**不值得**他們**動手**。

《遼史．卷二十七》：
「適遇『頭魚宴』，酒半酣，上（天祚帝）臨軒，命諸酋次第起舞。獨阿骨打辭以不能……奉先曰：『粗人不知禮義，無大過而殺之，恐傷向化之心。假有異志，又何能為？』」

你說**氣不氣**？

於是乎，

從那時起，阿骨打喵便**積極準備**對付遼朝。

白壽彝《中國通史》：
「早在遼天慶二年（1112）春時，天祚帝至春捺缽（今吉林大安月亮泡一帶）鉤魚，接見附近各族頭領，在頭魚宴上命各部首領依次歌舞，唯阿骨打辭以不能，諭之再三，終不從。阿骨打歸來後即著手準備反遼。」

比如派出**間諜打探**遼中央的情況，

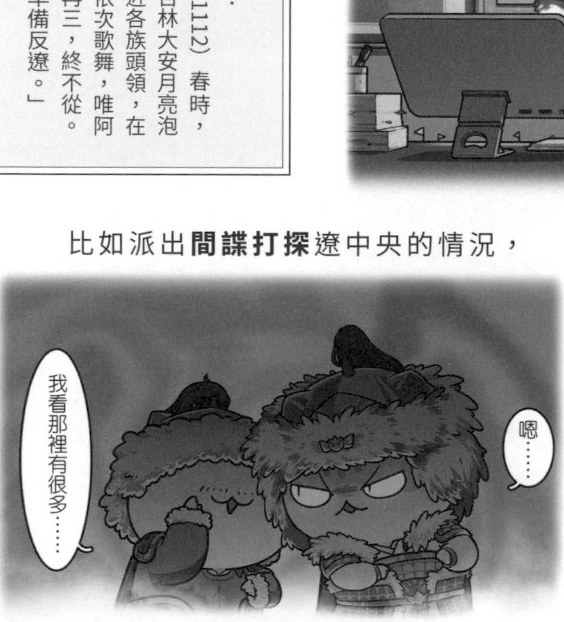

軍事科學院《中國軍事通史》：
「完顏阿骨打為了準確掌握遼朝政治和軍事情況，曾先後多次派遣使者潛入遼境，探聽遼朝虛實。」

比如修建**堡壘**，

《金史．卷二》：

「二年（1114年）甲午六月，太祖（完顏阿骨打）至江西……遣宗室習古乃、完顏銀術可往索阿疏。習古乃等還，具言遼主驕肆廢弛之狀。於是召官僚耆舊，以伐遼告之，使備衝要，建城堡……」

比如製造**武器**，

《金史．卷二》：

「……修戎器，以聽後命。」

呃……可惜……卻**被**遼朝**發現**了。

《金史．卷二》：

「遼統軍司聞之，使節度使捏哥來問狀，曰：『汝等有異志乎？修戰具，傷守備，將以誰御？』太祖答之曰：『設險自守，又何問哉！』遼復遣阿息保來詰之。」

這下就沒啥好隱瞞的了，
阿骨打喵乾脆**直接動手**。

《金史．卷二》：
「阿息保還，遼人始為備，命統軍蕭撻不野調諸軍於寧江州……（完顏阿骨打）謂諸將佐曰：『遼人知我將舉兵，集諸路軍備我，我必先發制之，無為人制。』」

西元1114年，
阿骨打喵舉起了**反遼**的旗幟。

白壽彝《中國通史》：
「遼天慶四年（1114）九月，遼朝加強對寧江州（今吉林扶餘東）的防禦，阿骨打集諸路兵誓師於來流水（今拉林河），舉起抗遼鬥爭的義旗。」

在他的領導下，
女真軍一路**猛攻**。

白壽彝《中國通史》：
「（1114）九月，阿骨打集諸路兵大會於來流水……隨後進軍寧江州（今吉林扶餘東南）。」「剛進遼界，與耶律謝十率領的渤海軍遭遇，阿骨打親自射殺謝十，遼軍大潰，女真首戰告捷，士氣倍增。十月，一舉攻克混同江東的寧江州。」

而遼朝也**派出**了大批**精銳**部隊，

《契丹國志．卷十》：
「（1114年）十月，（天祚帝）差守司空、殿前都檢點蕭嗣先奉先弟，充東北路都統，靜江軍節度使蕭撻勃也副之，發契丹、奚兵三千騎，中京路禁軍、土豪二千人，別選諸路武勇二千餘人……屯出河店，臨白江……」

最終雙方**隔江對峙**了起來。

《契丹國志．卷十》：
「……與寧江女真對壘。」
張博泉《金史簡編》：
「（1114年）十月，（遼）以守司空蕭嗣先為東北路都統，靜江軍節度使蕭撻不也為副……引軍屯出河店。出河店在鴨子河北……這時女真軍與遼軍隔江對壘。」

遼軍這邊**裝備充足**，

《遼史．卷三十四》：
「遼國兵制……每正軍一名，馬三匹，打草谷、守營鋪家丁各一人。人鐵甲九事，馬韉轡，馬甲皮鐵，視其力；弓四，箭四百，長短槍……錘錐、火刀石、馬盂、粆一鬥。」

且**兵力**是女真軍的**近兩倍**。

軍事科學院《中國軍事通史》：
「天慶四年（1114年）十月，遼朝以守司空蕭嗣先為東北路都統……總共7000餘人，集結於混同江北的出河店……阿骨打統帥3700甲士迎敵……」

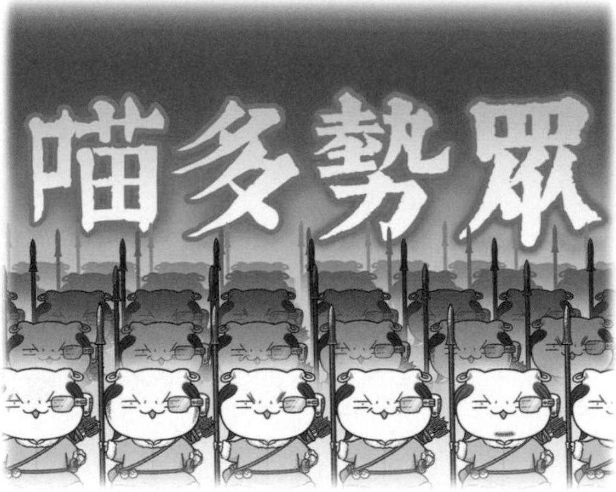

要正面對抗……
還是有點**困難**啊……

楊樹森《遼史簡編》：
「天慶四年（1114年）七月，阿骨打集結諸部精銳兵……發動了對遼的正義戰爭。」「戰爭開始時，遼朝的軍力遠遠超過女真人。」

於是阿骨打喵乾脆選擇**就地休息**，

而遼軍因為隔著一條河，
也**放鬆**了**防備**。

李錫厚、白濱《遼金西夏史》：「（1114年）遼以樞密使蕭奉先之弟嗣先為東北路都統……駐屯在距寧江州不遠的出河店。女真軍占據寧江州之後，蕭嗣先憑藉一江之隔，以為敵人不會輕易打過來。」

可他們卻萬萬沒想到，
阿骨打喵竟然在**夜裡**悄悄**渡河**殺了過來，

白壽彝《中國通史》：「十一月，遼天祚帝遣東北路都統蕭嗣先，副都統蕭撻不也率步騎7000餘人屯兵鴨子河……阿骨打親率甲士3700人乘夜鳴鼓舉燧而行……踏冰搶渡，女真甲士僅渡過三分之一，就與遼軍遇於出河店。」

猝不及防的遼軍被打得**丟盔棄甲**。

《契丹國志．卷十》：
「女真潛渡混同江，掩其（遼軍）不備，未陣擊之。嗣先軍潰，其家屬、金帛、牛羊、輜械悉為女真所得。復以兵追殺百餘里，管押官崔公義、邢穎等死之，又獲去甲馬三千。」

這就是歷史上的**「出河店之戰」**。

蔡美彪《中國通史》：
「十一月，遼朝都統蕭嗣先、副都統蕭兀納率領諸路大軍進攻女真，集中於鴨子河北。阿骨打領兵三千七百抵敵……出河店之戰是一次決定性的戰役，女真軍順利取勝，勢不可當了。」

經過這一戰，
遼朝的勢力受到**重大打擊**，

虞雲國《細說宋朝》：
「出河店之戰後，女真軍隊超過了一萬，兵鋒所向，契丹（遼）軍無不望風披靡。」

平時那些受遼朝壓迫的**部落**
也紛紛**歸附**阿骨打喵，

陳述《遼代史話》：
「他（完顏阿骨打）舉起的反抗遼廷壓迫的大旗，不但得到了女真全族的擁護和支持，而且在打擊遼軍的戰鬥過程中，也取得了各族人民抗遼鬥爭的配合。」
蔡美彪《中國通史》：
「自起兵抗遼，女真勢力發展迅速，契丹、奚、渤海、漢人和系籍女真、室韋、達魯古、烏（兀）惹、鐵驪等諸部被俘或投靠者日眾……」

女真一族**實力**大幅**增強**。

軍事科學院《中國軍事通史》：
「出河店之戰的勝利，使女真軍隊發展到上萬人，控制區域也迅速擴展……」

西元1115年，
阿骨打喵**建立**了一個全新的**政權**，

《金史．卷二》：
「收國元年（1115年）正月壬申朔，群臣奉上尊號。是日，（完顏阿骨打）即皇帝位。」

這就是「**大金**」。

《金史．卷二》：
「上（完顏阿骨打）曰：『遼以賓鐵為號，取其堅也。賓鐵雖堅，終亦變壞，惟金不變不壞。金之色白，完顏部色尚白。』於是國號大金，改元收國。」

至此，
華夏大地上**三國鼎立**的局面被**打破**。

白壽彝《中國通史》：
「天授禮法延祚七年（1044）十月……西夏與遼、宋鼎立對峙的局面形成。」
李桂芝《遼金簡史》：
「女真軍民經過頑強的爭戰，終於擺脫了遼朝的控制……北宋，在遼朝危難之際，趁火打劫，遣使與金聯合。」「初，西夏作為遼的藩屬，曾以兵助遼。爾後……被迫向金稱臣，與金朝建立了宗藩關係。」

而反遼自立的達成，
則給了阿骨打喵更大的**信心**，

他的目標從**抗遼**轉向了**滅遼**。

李桂芝《遼金簡史》：
「金朝建國以後，對遼戰爭的性質開始發生變化。前期，是以反抗契丹統治者的壓迫、爭取女真民族的解放為目標的。」
李錫厚、白濱《遼金西夏史》：
「阿骨打立國，目的是要推翻遼朝的統治，所以他便一刻也不停頓地對遼展開攻擊。」

那麼接下來，
遼金之間誰才是**最終贏家**呢？

（且聽下回分解。）

編者按

遼朝在遼聖宗時通過「澶淵之盟」與宋確立了兄弟關係，還獲得了党項一族的臣服，在三方勢力中占主導地位。然而之後的興宗、道宗、天祚帝一個比一個昏庸，他們在位期間相繼發生欽哀之變、重元之亂、十香詞冤案等內亂，導致遼朝內部混亂不堪，對各族人民的剝削愈加沉重。隨著農民起義的不斷爆發，遼朝也變得日漸虛弱。

反觀女真一族，他們地處偏遠、制度落後、人口稀少，但正是艱苦的環境讓他們養成了吃苦耐勞、百折不撓的作風。此外，女真族的反遼戰爭是對抗民族壓迫的正義戰爭，既迎合了女真人民的願望，又獲得其他受遼朝壓迫的人民的支持，故而能夠不斷壯大。在此消彼長的情況下，遼朝的結局已經注定了。

完顏阿骨打——瓜子（飾）

參考來源：《金史》、《遼史》、《金小史》、《契丹國志》、《文獻通考》、陳述《遼代史話》、李桂芝《遼金簡史》、白壽彝《中國通史》、蔡美彪《中國通史》、楊樹森《遼史簡編》、張博泉《金史簡編》、虞雲國《細說宋朝》、朱紹侯《中國古代史》、軍事科學院《中國軍事通史》、李錫厚和白濱《遼金西夏史》、賀衛光《中國古代游牧民族經濟社會文化研究》、吳泰《宋朝史話》

【天生異象】

完顏阿骨打出生前，
天空經常出現五色彩雲
當時有會看天象的人說，
彩雲下出生的人肯定不一般。

【沉迷打獵】

女真起兵時，
遼朝皇帝天祚帝正在山裡打獵。
貪玩的他直到遼軍戰敗才停手，
可停了沒多久他又去了……

【不給面子】

完顏阿骨打一直很討厭遼朝，
他早年曾跟遼朝貴族下棋，
因為對方想悔棋，
把人暴揍了一頓。

百群喵檔案

瓜子小劇場

《瓜子的指導 1》

《瓜子的指導 2》

瓜子
金牛座
生日：5月3日
身高：180 公分
喜歡的書籍類型：心理學
最愛去的地方：菜市場
（瓜子擬人介紹）

瓜子的機甲
Guazi's Mecha

第一百二十四回◉遼滅金興

遼朝末年統治**黑暗**，

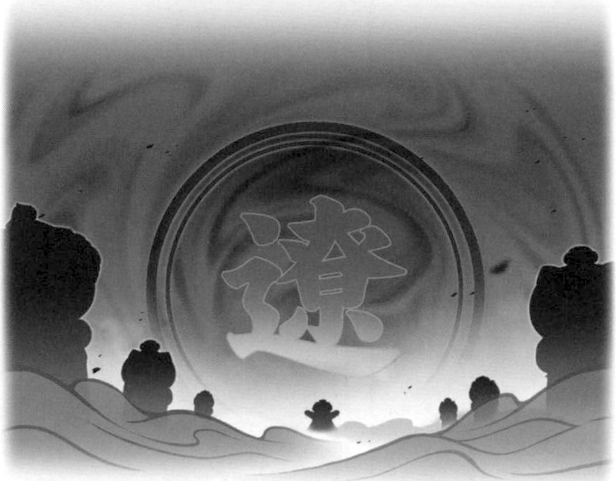

白壽彝《中國通史》：
「壽昌七年（1101）正月，遼道宗死，皇孫耶律延禧即位，是為遼末帝天祚皇帝。」
《三朝北盟會編．卷二十一》：
「天祚者，姓耶律，名延禧……及即位，拒諫飾非，窮奢極侈，盤於游畋，信用讒諂，紀綱廢弛，人情怨怒……」

遼百姓受盡了**壓迫**。

李桂芝《遼金簡史》：
「遼後期，西北、東北各族的反抗鬥爭不斷發生……末年，除游牧各部屯戍防邊之役外，州縣的賦役負擔也不斷增加，諸如驛遞、馬牛、旗鼓、鄉正、廳隸、倉司等役，擾民尤甚。」

在這樣的情況下，
一個民族建立起了**反遼**的**政權**，

這就是**大金國**。

楊樹森《遼史簡編》：
「天祚帝統治時期，政治黑暗達到極點……遼朝統治已處於搖搖欲墜的境地。女真族就是乘遼朝日趨衰敗的這個時機，舉兵反遼的。」
張博泉《金史簡編》：
「女真族在原始社會解體過程中，就已具備國家建立的條件，一一一五年終於在……領導的反遼戰爭中建立了金王朝。」

而金國的領導者
正是**金太祖**完顏阿骨打喵。

軍事科學院《中國軍事通史》：
「女真族軍隊在阿骨打的領導下，在淶河誓師後，經過寧江之戰、出河店之戰的節節勝利，使統一的女真族建立政權的問題提上了議事日程。」
白壽彝《中國通史》：
「完顏阿骨打嗣位為都勃極烈後，便把反遼作為鬥爭的主要目標……在次年（遼天慶五年，宋政和五年）正月初一日（1115年1月28日）即帝位，國號為金……」

在阿骨打喵的帶領下，
金國雖然戰鬥力**強悍**，

軍事科學院《中國軍事通史》：
「在軍隊建設方面，阿骨打久經戰陣，『算無遺策』，極具治軍帶兵才能……使金軍『騎者騎，步者步，回顧者斬，所以每戰必勝也』。」

但……卻**窮**得不行。

作為皇帝的阿骨打喵住的是**茅草屋**，

白壽彝《中國通史》：
「金太祖（完顏阿骨打）於馬上建國，無暇建築城池宮殿，所居皆茅舍……」

吃的是**粗茶淡飯**，

《欽定滿洲源流考》：
「金主（完顏阿骨打）聚眾將共食，則於炕上，用矮木檯子或木盤相接，人置稗子飯一碗，加匕其上，列以韭、長瓜皆鹽漬者……」

在**土炕**上跟大臣**開會**，

張岦之《中國歷史．隋唐遼宋金卷》：
「女真之初，即『環屋為土床，熾火其下，與飲食起居其上，謂之炕，以取其暖』。當時皇帝殿宇無不如此，『繞壁盡置火炕』，皇帝、大臣均坐炕上議事。」

甚至跟平民一起在**河裡洗澡**……

《松漠紀聞》：
「胡（金國）俗舊無儀法，君民同川而浴，肩相摩於道……」

是真的**艱苦**啊……

然而艱苦的日子卻**沒有磨滅**他的鬥志。

朱紹侯《中國古代史》：

「（完顏阿骨打）帶領少數軍隊先後在寧江州（吉林扶餘縣東南的五家店）和出河店（在扶餘境內）大敗遼兵……女真人同仇敵愾，英勇奮戰，他們長期在半漁獵、半農耕的生活中養成了吃苦耐勞、剛毅勇敢和善於騎射的戰鬥作風……」

不過……鬥志歸鬥志……

遼朝畢竟是個**百年大國**，

軍事科學院《中國軍事通史》：

「後梁末帝貞明二年（916年），阿保機稱帝建國，國號『契丹』……習慣上，把『契丹』和『大遼』，統稱為遼朝。」

白壽彝《中國通史》：

「阿骨打在反遼戰爭中，實際上成為戰爭的軍事領導者……（1115）正月初一，阿骨打被擁戴為皇帝，國號大金……」

要掀翻它，

金國目前的力量還是**差了點**……

於是乎，

阿骨打喵一邊進軍，一邊**優化**自身**實力**。

李錫厚、白濱《遼金西夏史》：

「阿骨打立國，目的是要推翻遼朝的統治，所以他便一刻也不停頓地對遼展開攻擊。他首選以黃龍府（今吉林農安）為攻擊目標……」「阿骨打一邊與遼周旋，一邊抓緊時間調整內部關係。」

例如**打壓**舊貴族，

蔡美彪《中國通史》：

「金國建立後，廢除原來部落聯盟長的制度，阿骨打自稱皇帝，確立了皇權的統治。」

李錫厚、白濱《遼金西夏史》：

「他（完顏阿骨打）以弟吳乞買為諳班勃極烈……國相撒改，原來曾與阿骨打分治諸部，而此時其位甚至居於吳乞買之下。」

加強政權**統治力**；

金

李錫厚、白濱《遼金西夏史》：
「他（完顏阿骨打）著手改變與國相撒改分治諸部的舊體制，目的是為了加強統一……正因為如此，站在一切人之上的皇帝就越發變得高不可攀了。至此，已經沒有人再同阿骨打比肩而立了。」

例如搞**離間計**，

家人們！
還在忍受嗎？
站起來吧！快來呀!!

軍事科學院《中國軍事通史》：
「金建國後，金太祖完顏阿骨打利用自己氣勢正盛，而遼準備不足的有利時機攻遼。」「在軍事進攻的同時，阿骨打還發動了一系列政治攻勢。釋放歸降的寧江州防禦使大藥師奴，『使招諭遼人』……」

挖遼朝**牆腳**；

軍事科學院《中國軍事通史》：
「在政治上『以政略佐戰功』，這是金的一貫政策……他（完顏阿骨打）釋放俘獲的渤海族將士，宣諭『女真、渤海本同一家，我興師伐罪，不濫及無辜也』……將招降納叛的範圍進一步擴大……」

還派間諜去**策反**被遼朝壓迫的**喵民**。

軍事科學院《中國軍事通史》：
「早在女真軍向寧江州進攻時，阿骨打就十分注意利用遼朝內部尖銳的民族矛盾，分化瓦解遼統治下的各個民族……向他們揭露遼的殘暴統治，曉以本民族利益，使之不再替遼朝賣命。」

這些措施都在不斷**增加**金國的**優勢**。

軍事科學院《中國軍事通史》：
「所謂『以政略佐戰功』，就是以強大的政治攻勢配合軍事行動，在遼後方製造混亂，開闢反遼新戰場。」
「『以政略佐戰功』政策的執行，收到了良好的效果，分化瓦解削弱了敵人，壯大了自身的力量。」

而**遼**這邊呢？

雖然一直在吃**敗仗**，

唉！
遼

《遼史．卷二十八》：
「（遼天慶）五年（1115年）春正月……（遼）都統耶律斡里朵等與女直（真）兵戰于達魯古城，敗績……與女直戰于白馬濼，敗績。」

但皇帝卻根本**不當回事**，

哈哈哈哈哈
悠哉

白壽彝《中國通史》：
「天祚帝認為寧江州、出河店兩次失敗，是樞密使蕭奉先不知兵所致。於是他改用漢人張琳、吳庸主東征事……不意又敗。」「遼軍三戰三潰仍沒能引起天祚帝重視，他仍以上國自居，認為只要遣一介之使，便可諭令女真降服。」

總覺得金國只是個**小角色**。

那個小丑很容易就搞定啦！

軍事科學院《中國軍事通史》：
「遼統治者對新興的金朝勢力認識不足，視為無足輕重的部族作亂。」

可惜阿骨打喵可**不是吃素**的，

皇上！又有一座城丟了！
什麼?!

白壽彝《中國通史》：
「收國元年（1115）正月，金太祖（完顏阿骨打）親自領兵進攻遼統治東北方女真族的重鎮黃龍府（今吉林農安），首先攻下達魯古城（今前郭爾羅斯蒙古族自治縣的塔虎城），九月攻下黃龍府。」

他這才知道**緊張**。

算了！看我親自去一趟，讓他知道厲害！
是！

張博泉《金史簡編》：
「收國元年（1115年）十一月，遼主天祚帝得到金軍攻下黃龍府的消息後，十分恐懼。」

於是，一場**大戰**開始了。

PLAYER 1
遼
LIAO GUO
∞
PLAYER 2
金
JIN GUO
遼
VS
金

軍事科學院《中國軍事通史》：
「黃龍府是通往遼上京的第一道門戶，它的陷落，使遼朝野上下震驚萬分。天祚帝下令編組軍隊，御駕親征。」

當時遼軍這邊有**70萬**，

《金史．卷二》：
「（1115年）十一月，遼主（天祚帝）聞取黃龍府，大懼，自將七十萬至駝門。」
白壽彝《中國通史》：
「天祚帝得知東北重鎮黃龍府失陷，感到事態嚴重，親率70萬蕃漢軍隊征女真，以期一舉消滅。」

金軍呢……

只有**2萬**。

白壽彝《中國通史》：
「當時金軍隊僅2萬人……」

這是不是**太懸殊**了點啊？

頭疼
呃……

軍事科學院《中國軍事通史》：

「（1115年）十一月，遼大軍雲集駝門，車騎綿亙百餘里，隨時準備同金軍決戰……阿骨打也認為自己兵僅數萬，雙方力量相差懸殊，難以力勝……」

幸好這時阿骨打喵使了個**小手段**，

他演起了**苦肉計**！

對方實在太強了！咱們不行的！你們殺了我去投降吧！
啊?!

《三朝北盟會編．卷三》：

「（1115年）天祚下詔親征……阿骨打聚諸酋以刀剺面，仰天哭曰：『始與汝輩起兵，共苦契丹殘擾而欲自立國爾，今吾為若卑哀請降，庶幾免禍，顧乃盡欲翦除，非人人效死戰，莫能當也。不若殺我一族，汝等迎降，可以轉禍為福。』」

這一演，簡直把士兵的**怒氣值**給**點燃**了，

* 卍解：源自漫畫中出現的戰鬥狀態，表示戰鬥力急升。

《三朝北盟會編．卷三》：
「……諸酋皆羅拜於帳前曰：『事已至此，惟（唯）命是從，以死拒之。』」
李桂芝《遼金簡史》：
「九月，金軍攻占黃龍府，遼天祚帝下令親征。金太祖在作戰前動員時，『剺面仰天慟哭』……以此激發女真人的鬥志。」

金軍一下子**士氣暴漲**。

李桂芝《遼金簡史》：
「阿骨打充分利用女真人對遼朝的怨憤，激勵將士同仇敵愾，誓死抵抗，故士氣旺盛，人人求戰。」

而遼軍這邊雖然**數量多**，

軍事科學院《中國軍事通史》：
「（1115年）十一月，遼天祚帝親率大軍70萬至駝門……這是遼、金戰爭中，遼朝方面所使用兵力最多的一次。」

卻毫無鬥志。

楊樹森《遼史簡編》：

「黃龍府被金占領之後，天祚帝驚惶失措，慌忙下詔親征……阿骨打率兩萬精兵迎敵。從當時遼、金軍事力量對比來看，遼朝政治的腐敗和人民生活的窮苦，從根本上已毀壞了遼軍的士氣。」

更糟糕的是，

後方還出現了**內亂**。

軍事科學院《中國軍事通史》：

「阿骨打得知遼軍大舉東下的消息，破面痛哭，勵眾死戰，準備迎擊遼軍。」「恰在這時，遼內部發生的先鋒都監耶律章奴反叛事件，使遼金戰局發生了重大轉折。」

皇帝出來**打仗**，

白壽彝《中國通史》：

「天慶五年（1115）九月，在沒有足夠思想準備和周密戰略部署的情況下，（天祚帝）貿然決定率軍親征，並盲目相信遼軍數量眾多，限定數月內翦除女真勢力。」

大臣卻在首都**搞事**，

啊?!
我受夠這個蠢貨了！
跟我一起反了！

楊樹森《遼史簡編》：「在天祚帝東下親征的時候，遼軍前鋒耶律章奴……返回上京，謀廢天祚帝，另立魏國王、南京留守耶律淳。」

嚇得遼皇帝趕緊**往回跑**。

快撤！
跟我回去找回場子！

軍事科學院《中國軍事通史》：「耶律章奴是遼軍宿將……看到天祚帝親自統軍屯駐東北邊境，認為擁立新君的時機已經到來，便於十二月初十夜裡率 300 名親兵突然逃走，直奔上京。天祚帝聞訊，深恐帝位不保，急忙下令撤軍……」

這黑壓壓70萬遼軍**剛到前線**，
卻突然收到**撤退**的命令，

什麼?!

楊樹森《遼史簡編》：「遼軍在東進的過程中，遼將耶律章奴發動政變。遼軍剛到前線，天祚帝聞訊立即退兵。」

一下子**亂**成一鍋粥。

軍事科學院《中國軍事通史》：「（天祚帝）打算先平息叛亂然後再出兵征討金軍……遼軍人數眾多，但軍心已亂。」

這簡直就是給阿骨打喵**送「經驗***」了。

李錫厚、白濱《遼金西夏史》：「就在遼金即將展開歷史性決戰的時刻，遼軍都監耶律章奴公然謀反……目的就是要廢天祚，立淳為帝。」「耶律章奴謀反，使阿骨打有了可乘之機。」

* 經驗：指遊戲中的經驗值，經驗值積累到一定程度可以提升等級。

於是他帶著金軍**猛衝**遼軍，

《金史．卷二》：「上（完顏阿骨打）以騎兵親候遼軍，獲督餉者，知遼主（天祚帝）以張（章）奴叛，西還二日矣……上復曰：『誠欲追敵，約齎以往，無事餫饋。若破敵，何求不得。』眾皆奮躍，追及遼主於護步答岡。」

70萬遼軍愣是被打得**滿地找牙**，

《金史．卷二》：
「……是役也，兵止二萬……（完顏阿骨打）使右翼先戰。兵數交，左翼合而攻之。遼兵大潰，我師馳之，橫出其中。遼師敗績，死者相屬百餘里。」

史稱**「護步答岡之戰」**。

《遼史．卷二十八》：
「（1115年）十二月乙巳，耶律張家奴叛。戊申，（天祚帝）親戰於護步答岡，敗績，盡亡其輜重。」
軍事科學院《中國軍事通史》：
「護不（步）答岡之戰是遼金之間的一次戰略性決戰……遼軍實力受到嚴重削弱，不僅損兵折將，而且統治集團內部矛盾更加激化……」

經過這一戰，
遼的主力部隊幾乎**全軍覆沒**。

蔡美彪《中國通史》：
「金、遼兩軍在護步答岡相遇，遼軍大敗，死者相屬，天祚帝逃跑。金軍擄掠到大批兵器、財物、牛馬。經此一戰，遼軍主力敗潰……」
張豈之《中國歷史．隋唐遼宋金卷》：
「金軍追擊遼軍於護步答崗（岡）……經此一戰，遼軍的精銳幾乎喪失殆盡，此後，戰局急轉直下，遼朝再也無力組織有效的防禦了。」

在失敗情緒的籠罩下，
遼國社會**動亂不斷**，

白壽彝《中國通史》：
「兩軍戰於護步答岡（今黑龍江五常西），遼軍大潰，死者相屬，天祚帝逃往長春州（今吉林大安西北），遼軍主力被擊潰，為南下奪取遼東京奠定了基礎。」「在遼軍屢敗的情況下，遼統治階級內部不斷發生叛變，各族人民起義和士兵厭戰的情緒也不斷高漲。」

同時也**加速**了其統治階級內部的**分裂**，

軍事科學院《中國軍事通史》：
「保大元年（1121年）正月天祚帝諸子陰謀爭奪皇位，天祚帝誅殺有關大臣，耶律餘睹因此逃奔金朝……連續不斷的內訌、傾軋和分裂，加速了遼王朝的崩潰。」

甚至出現了北遼和西遼這樣的**割據政權**。

白壽彝《中國通史》：
「天輔六年（1122），金軍攻克高（今內蒙古赤峰東）、恩（今赤峰南）……天祚帝又逃入夾山（今薩拉齊西北）。」「自入夾山后，數月間與外界資訊不通，於是南京蕃漢諸臣共立秦晉國王耶律淳為帝，史稱北遼……四年（1124），大石率眾北上，後自立為王，建立西遼。」

而獲得勝利的阿骨打喵則**越戰越勇**，

軍事科學院《中國軍事通史》：

「金軍在護步答岡殲滅了遼軍主力之後，隨即抓住戰機，開展了以攻占遼五京為目標的滅遼之戰。」

西元1116年攻取遼**東京**，

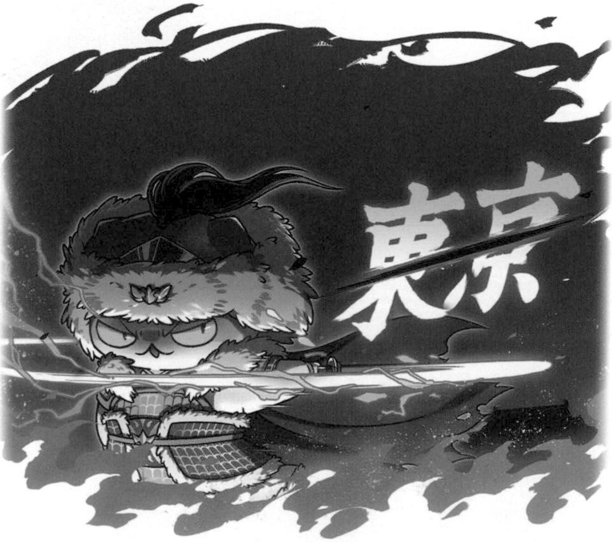

白壽彝《中國通史》：

「收國二年（1116）閏正月，遼朝的統治進一步分裂……金派阿徒罕、烏論石准擊遼軍，遼軍大敗，於是斡魯南下攻沈州（今遼寧瀋陽）、東京。五月，高永昌兵敗被擒，東京州縣盡為金所有……」

西元1120年攻取遼**上京**，

白壽彝《中國通史》：
「天輔四年（1120），金決意攻取遼上京（今內蒙古巴林左旗南），上京留守撻不野投降。」

西元1122年攻取遼**中京**、**南京**、**西京**。

白壽彝《中國通史》：
「天輔六年（1122），阿骨打開始攻取燕京。正月，占遼中京（今赤峰寧城大名城）；四月占領遼西京……十二月，金軍分路出得勝口與居庸關，至燕京（遼南京，今北京）城下，遼樞密院官員奉表投降。」

雄踞北方兩百餘年的遼朝，
在金朝的鐵蹄下毫**無招架之力**，

白壽彝《中國通史》：
「阿骨打率軍入城。至此遼朝五京俱陷。遼雖有百萬軍隊，但仍然無法挽回局勢，遼政權迅速隨之瓦解。」

最終於西元1125年完全**覆滅**。

朱紹侯《中國古代史》：
「宣和七年（1125年）二月，天祚帝在逃往西夏途中被金兵俘虜，遼亡。遼自後梁貞明二年（916年）阿保機稱帝到亡國，凡九帝210年。」

而金朝則**繼承**了遼的所有**遺產**，

張博泉《金史簡編》：
「金滅遼後……它在繼承遼的疆域之後繼續向南發展。」

同時也成為了三國中新的**霸主**。

白壽彝《中國通史》：
「天會二年（1124）……西夏向金上誓表稱臣，接受金朝的主屬。」「金滅遼後，繼遼與宋對峙。金與遼不同，是個新興起的政權，這個政權的出現和發展使當時南北雙方的政治關係發生了新的變化……金代遼而為宗主。」

那麼在這個新的局勢之下，
又會**發生什麼**故事呢？

（且聽下回分解。）

編者按

金滅遼過程中，出河店、護步答岡等戰役都是以少勝多。這除了因為遼統治者能力低、指揮失誤之外，還有遼朝軍政長期腐敗，遼軍戰鬥力退化的原因。在這種情況下，遼軍一無良將帥才，二無鬥志決心，可偏偏他們遇到的完顏阿骨打卻是一個足智多謀的帥才。阿骨打在進攻遼朝同時，還採取了「以政略佐戰功」的策略，即分化瓦解遼朝陣營，盡可能地結交盟友，建立一個統一的反遼戰線，以防腹背受敵。

然而，金朝建立後，他們對遼戰爭的性質就不僅是反抗民族壓迫的正義戰爭，隨著戰爭的節節勝利，漸漸帶上了掠奪奴隸和財富的侵略性質。滅遼之後，他們勢必會尋找下一個目標。

完顏阿骨打——瓜子（飾）

參考來源：《遼史》、《金史》、《松漠紀聞》、《欽定滿洲源流考》、《三朝北盟會編》、白壽彝《中國通史》、蔡美彪《中國通史》、李桂芝《遼金簡史》、楊樹森《遼史簡編》、張博泉《金史簡編》、朱紹侯《中國古代史》、李錫厚和白濱《遼金西夏史》、軍事科學院《中國軍事通史》、張豈之《中國歷史 · 隋唐遼宋金卷》

附錄

【趁火打劫】

宋朝和遼朝雖在澶淵之盟後
結為了「兄弟之國」，
但宋看到遼快被滅時，
不僅沒有幫忙，
還想趁機撈一筆。

【議和失敗】

遼朝曾想跟金朝議和，
但在送出的求和信中
卻處處看不起金朝，
導致議和直接告吹。

【白做準備】

遼軍曾在重鎮達魯古城
準備了很多農具，
打算邊種地、邊防守。
結果是金軍剛打過來，
遼軍就逃跑了……

百群喵檔案

麻花小劇場

《獎罰規則》

好煩啊，最近總是學不進去……
哈哈！你要不要給自己定一套獎罰規則？
嗯嗯！感覺是個好辦法！
例如做完一道題就給自己一個小獎勵，相反就要給自己一個懲罰。
一週後
你好啊，年糕……
啊，你怎麼了？
我給自己定了不做完題就不吃飯的規則……
哎呀！

《麻花來一個》

好呀！
好！輪到麻花表演了！
我……我嗎？
麻花來一個！
麻花來一個！
麻花來一個！
哈哈哈，既然這樣……
那我就……
好嘞！你們的麻花來了！

麻花
摩羯座
生日：12 月 24 日
身高：178 公分
喜歡的書籍類型：名人傳記
最愛去的地方：超市
（麻花擬人介紹）

麻花的機甲
Mahua's Mecha

第一百二十五回◉靖康之變

西元1125年，

遼朝**覆滅**。

白壽彝《中國通史》：

「遼天慶五年正月（1115年1月），女真族首領完顏阿骨打擺脫遼的統治，即皇帝位，國號金……先後攻占遼東京、上京、中京、西京、南京（燕京）。金天會三年（1125）三月，天祚帝被擒，遼亡。」

取而代之的**金朝**成為了北方新的**霸主**，

白壽彝《中國通史》：

「天會二年（1124）……西夏向金上誓表稱臣，接受金朝的主屬。」

軍事科學院《中國軍事通史》：

「（1125年）金滅遼後，採取徹底摧毀遼朝統治機構的做法，把遼土全部納入了大金的版圖。」

從此形成了金、宋、夏，
新的**鼎足**局面。

蔡美彪《中國通史》：
「一〇四四年十月，遼興宗親率騎兵十萬向西夏進攻……元昊戰勝遼興宗……由此形成夏與遼、宋相互對峙的鼎立局面。」
李桂芝《遼金簡史》：
「天輔七年（1123年）八月，金太祖死，諳班勃極烈吳乞買即位……天會三年（1125年），俘遼帝，經十年，金朝終於取代了遼朝。」

而這也意味著宋的對手發生了**變化**。

軍事科學院《中國軍事通史》：
「遼朝滅亡後，宋與金直接對峙。金伴隨著滅遼戰爭的最終勝利，掠奪土地、人口、財富的欲望也日益增長。」

跟新興的強鄰金國相比，
宋在經歷了**改革失敗**，

虞雲國《細說宋朝》：
「（1069年）朝廷設立制置三司條例司作為主持變法的機構，由宰相陳升之和王安石主其事，策劃與制定新的法規和政策，這就正式揭開了熙寧變法的大幕。」
吳泰《宋朝史話》：
「元豐八年（公元一〇八五年）三月，宋神宗病死……『熙寧變法』因為根基不牢，政局一變就以失敗告終。」

黨派爭鬥後，

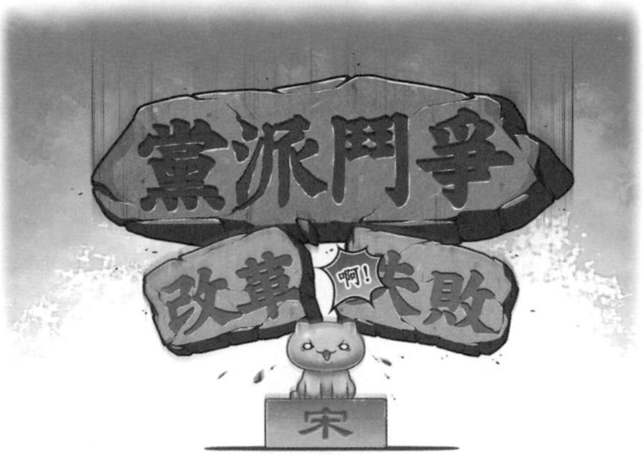

朱紹侯《中國古代史》：
「元祐八年（1093年），高太后死，宋哲宗親政……此後，無論是變法派內部或是變法派與保守派之間的鬥爭，都演變成派系傾軋和政權奪利的鬥爭，對哪一方來說都無積極意義可言。」

吳泰《宋朝史話》：
「從『元祐』到『崇寧』十幾年間，宋朝政局的屢變及黨爭的惡性發展，統治集團內部愈演愈烈的相互傾軋，使得北宋的政治更加黑暗，統治力量也進一步削弱了。」

此時已經**搖搖欲墜**……

而一對「昏君」**父子**的出現，
更是加速了它的**滅亡**。

這就是**宋徽**ㄏㄨㄟ**宗喵**和**宋欽**ㄑㄧㄣ**宗喵**兩個皇帝。

陳振《宋史》：
「（1100年）趙佶被向太后、曾布等扶上皇位，是為中國歷史上出名的昏君宋徽宗，他最終將北宋王朝推上了滅亡的道路。」
《宋史．卷二十三》：
「欽宗恭文順德仁孝皇帝，諱桓，徽宗皇帝長子……」

說來也是奇怪，
這爺倆拿的都**不是正常**皇帝**劇本**。

首先徽宗喵**不是嫡**ㄉㄧˊ**長子**，

《宋史．卷十九》：
「徽宗體神合道駿烈遜功聖文仁德憲慈顯孝皇帝，諱佶，神宗第十一子也……」
《宋史．卷二四三》：
「欽慈陳皇后，開封人。幼穎悟莊重，選入掖庭，為御侍。生徽宗，進美人。」

又喜歡**到處耍***，

* 到處耍：到處玩耍。

吳泰《宋朝史話》：

「他（宋徽宗）吟詩詠賦，能書善畫，宋人說他文采風流勝過後唐（南唐）李後主百倍。他對玩樂特別嗜好，聲、色、書、畫，奇花異石，飛禽走獸，乃至蹴鞠（踢毬）、諧謔等等，他無不喜好。」

本來就**沒有**繼承皇位的**資格**。

但碰巧的是……

他當皇帝的**哥哥死了**。

《宋史．卷二四六》：

「神宗十四子：長成王佾……次哲宗，次豫悼惠王價，次徐沖惠王偲，次吳榮穆王俶，次儀王偉，次徽宗……」

《宋史．卷十八》：

「（宋元符）三年（1100年）春正月辛未，帝（宋哲宗）有疾，不視朝。丁丑，奉安太宗皇帝御容於景靈宮大定殿。戊寅，大赦天下，蠲民租。己卯，帝崩。」

更巧的是哥哥還**沒留下崽**……

陳振《宋史》：「元符三年（1100年）正月，年僅二十五歲的宋哲宗去世，無子。」

《宋史·卷十九》：「元符三年（1100年）正月己卯，哲宗崩，皇太后垂簾，哭謂宰臣曰：『國家不幸，大行皇帝無子，天下事須早定。』……皇太后又曰：『先帝（宋哲宗）嘗言，端王（宋徽宗）有福壽，且仁孝，不同諸王。』於是惇為之默然。乃召端王入，即皇帝位……」

所以他……就這麼**當**上了**皇帝**。

剛上位時的徽宗喵其實是**想**好好**努力**的，

任崇岳《宋徽宗宋欽宗》：「徽宗既非昏庸之輩，也非無能之輩，他繼位之初，曾經打算勵精圖治，把江河日下的宋室江山恢復為太平盛世。儘管宋朝弊端甚多，積重難返，荊天棘地，困難重重，但徽宗並未退卻。」

可惜他遇到了一個**奸臣**，

這就是**蔡京喵**。

《宋史・卷四七二》：

「蔡京字元長，興化仙遊人。登熙寧三年（1070年）進士第，調錢塘尉、舒州推官，累遷起居郎。」

「京天資凶譎，舞智御人，在人主前，顓狙伺為固位計，始終一說，謂當越拘攣之俗，竭四海九州之力以自奉。」

蔡京喵是個**投機高手**，

宋朝變法時他**擁護**變法，

陳振《宋史》：

「蔡京是個政治投機分子，神宗時支持新法，神宗死時正任開封知府，在擁立哲宗即位事件中支持改革派蔡確、章惇，立有『定策功』。」

宋朝推翻變法時，

他又支持**推翻**變法，

陳振《宋史》：

「但當太皇太后高氏當政，保守派上臺，蔡京轉而投靠司馬光以求保持官位。元祐元年（1086年）司馬光要求在五天內廢罷免役法，恢復差異法，還在爭論之際，蔡京首先在五日內完成。」

反正**左右橫跳**。

白壽彝《中國通史》：

「蔡京是個政治投機者，王安石變法時擁護變法改革，元祐初又附和司馬光積極推翻新法，紹聖初又積極附和新法……」

而在他的引導下，
徽宗喵開始變得**奢侈享樂**，

白壽彝《中國通史》：
「蔡京又倡豐、亨、豫、大之說，引導宋徽宗盡情享樂。於是大興土木，崇寧三年（1104）鑄『九鼎』，次年鑄成後建九殿以安置……國庫財富耗費似流水。」
《宋史．卷四七二》：
「（蔡）京每為帝（宋徽宗）言，今泉幣所積贏五千萬，和足以廣樂，富足以備禮，於是鑄九鼎，建明堂，修方澤，立道觀，作《大晟樂》，制定命寶。」

《宋史．卷四七二》：
「任孟昌齡為都水使者，鑿大伾三山，創天成、聖功二橋，大興工役，無慮四十萬。兩河之民，愁困不聊生……」

對**百姓**的生死全然**不顧**。

宋朝本來就虛，
這一搞簡直**雪上加霜**……

蔡美彪《中國通史》：
「在徽宗統治的二十多年間，蔡京曾因遭到反對，前後三次短暫罷相，但在長時期裡，與童貫等掌握著全部軍政大權。在徽宗、蔡京的統治下，宋王朝日益黑暗、腐朽。」

而在徽宗喵時期，
也正是遼、金**交戰階段**。

白壽彝《中國通史》：
「元符三年（1100）正月……向太后在曾布、蔡卞、許將等執政的支持下，立趙佶為帝，即著名的昏君徽宗……」
任崇岳《宋徽宗 宋欽宗》：
「公元 1115 年……（阿骨打）稱帝，國號叫金。這年十一月，遼天祚帝親征，為阿骨打所敗。」

看著遼被金揍得連連**敗退**，

蔡美彪《中國通史》：
「一一一五年，女真奴隸主的首領阿骨打（金太祖）建立金國後，隨即向遼朝進攻，遼兵屢敗。」
軍事科學院《中國軍事通史》：
「政和七年（1117 年），金軍節節勝利的消息傳來，宋廷於是下令募人登舟渡海，以買馬為名，赴金朝探問。」

宋也想**參一腳**。

白壽彝《中國通史》：

「北宋末年，政治腐敗，農民起義此伏彼起，宋徽宗、蔡京、童貫統治集團想乘遼朝衰亡之際，採取聯金滅遼的戰略，奪取五代後晉割給遼朝的燕雲十六州，以建立萬世功業。」

「天輔四年（1120）五月，阿骨打親自率軍占領遼上京……隨後與宋朝締結『海上之盟』，議定金宋夾擊遼朝。」

但即便是面對**奄奄一息**的遼軍，

陳振《宋史》：

「宣和三年（1121年）冬，金軍攻占遼中京；次年三月，遼秦晉國王耶律淳自立於燕京，史稱北遼，金軍已到達遼西京（今山西大同）地區攻州掠縣，遼帝逃入山中，遼的敗亡形勢已很明顯。」

楊樹森《遼史簡編》：

「耶律淳南京（燕京）政權另立後，遼朝已瀕於滅亡的前夜。」

宋卻依然**打不過**，

白壽彝《中國通史》：

「宣和二年（金天輔四年，1120）宋遣趙良嗣、馬政先後使金，金亦數次遣使來宋，雙方議定夾攻遼朝，遼燕京由宋軍攻取……」「由於宋軍腐敗，缺乏戰鬥力，數十萬大軍兩次攻打遼南京（燕京），均被遼守軍打敗……」

最後還是**靠金幫忙**才得以全身而退。

軍事科學院《中國軍事通史》：
「宋廷兩次出兵攻燕都鎩羽而歸，童貫為掩飾敗績，暗中約金軍攻打燕京……十二月，金軍主力兵分兩路入關，長驅直入……遼宰相大臣奉表請降。」
白壽彝《中國通史》：
「天輔七年（1123），金太祖遵海上之盟，將燕京、涿、易、檀、順、景、薊交給宋朝……」

然而這也讓金**搞清楚**了宋的實力，

朱紹侯《中國古代史》：
「女真貴族反遼戰爭勝利後，軍事力量大為增強，加上北宋對遼用兵的慘敗使金清楚地看到了北宋的腐敗無能，從而滋長了巨大的侵略野心。」

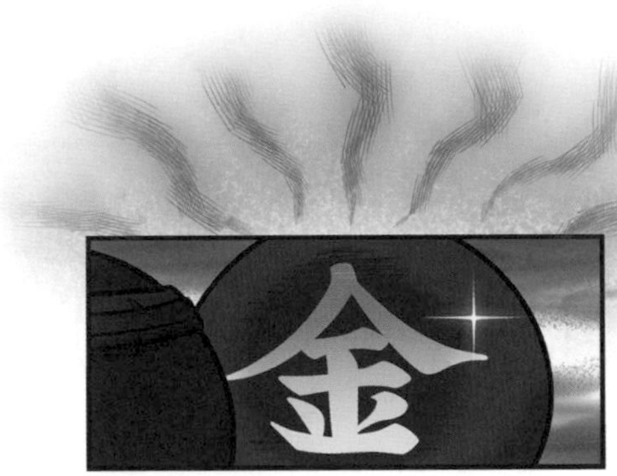

所以當遼被金完全消滅後，
也就**輪到宋**了。

軍事科學院《中國軍事通史》：
「宋軍在攻燕京過程中，充分暴露虛弱的實情。金太宗在滅遼之後，決定乘勢滅宋。」
朱紹侯《中國古代史》：
「宣和七年（1125年）十月，金太宗下詔分兩路侵宋……」

這可把徽宗喵**嚇壞了**……

不……不……
不要過來啊！

軍事科學院《中國軍事通史》：
「天會三年（1125年）十一月、十二月，金東西兩路軍分別由平州向燕山、雲中向太原，正式發起攻宋戰爭。」
朱紹侯《中國古代史》：
「金軍大舉南下的消息傳到開封，宋徽宗驚慌失措，『不復議戰守，惟(唯)日謀避狄之計』。」

怎麼辦呢？

怎
呃……
辦

最終他做了一個**決定**，

只能這樣了。

軍事科學院《中國軍事通史》：
「當金軍兵分兩路南下的消息傳到開封，素無對金戰爭準備的宋朝君臣驚慌失措，亂成一團……表面上宋徽宗似乎是要改過自新，準備抗金，而實際上想到的卻只是逃跑。」

這就是**不做皇帝**。

《宋史‧卷二十二》：
「（1125年）中山奏金人斡離不、粘罕分兩道入攻。郭藥師以燕山叛，北邊諸郡皆陷……戊午，皇太子桓為開封牧……（宋徽宗）詔內禪，皇太子即皇帝位。」

是的，你沒聽錯！
他乾脆**拱**自己**兒子**上位，

虞雲國《細說宋朝》：
「滅遼以後，金朝已無後顧之憂。宣和七年（1125年）十月，金太宗便下詔伐宋。」
「（1125年）徽宗匆忙禪位給長子趙桓，自稱教主道君太上皇帝……徽宗才四十三歲，正當年富力強之時，便早早決定自我下崗，不負責任地把一副爛攤子撂給兒子。」

這就是**欽宗喵**。

軍事科學院《中國軍事通史》：「宣和七年（1125年）十二月二十三日，他（宋徽宗）假裝得病，將皇位傳給兒子。趙桓匆匆即位，是為宋欽宗。」

任崇岳《宋徽宗 宋欽宗》：「（1126年）正月三日，欽宗下詔親征。他在詔書上慷慨激昂……不料欽宗氣壯如牛，卻又膽小如鼠，宰執大臣要他出奔襄（湖北襄樊）、鄧（河南鄧州市）以避敵，他馬上同意。」

欽宗喵同樣是個不靠譜的「**慫貨***」，

* 慫貨：意指膽小怕事的人。

聽到金軍打來了，

他就想**逃跑**。

白壽彝《中國通史》：「同年（1125）十月金太宗毀棄盟約，大舉進攻宋朝，分兵兩路……前鋒直指北宋首都東京開封府。」「靖康元年（1126）正月，金兵已逼近東京，徽宗匆匆出逃，白時中、李非彥等大臣也想奉欽宗南走……李綱上朝時見禁軍已披甲待發，皇帝與後宮也即將上車出逃。」

聽到金軍來責問了，
他趕緊**賠禮謝罪**。

白壽彝《中國通史》：
「天會三年（1125），金太宗下詔伐宋，宗望統領右路大軍……（1126）宋將姚平仲統兵40萬襲營，被宗望打敗。宋欽宗大恐，遣使至金營講明此事與朝廷無關……」

軍民們想**拚死抵抗**金軍，

軍事科學院《中國軍事通史》：
「金太宗於天會四年（1126年）八月十四日，再次下詔侵宋。其兵力部署仍是兵分兩路……加速攻取太原，然後繼續南下。」
「太原自宣和七年（1125年）十二月被圍以來，城中軍民在王稟的率領下，英勇抗擊，打退了金軍一次又一次進攻……太原被圍長達10個月，外無援兵，內無糧草……」

他則準備**認慫求和**……

軍事科學院《中國軍事通史》：
「在金兩路大軍不停進攻的形勢下，以宋欽宗為首的投降派，一直幻想滿足金朝不斷加碼的割地、財物、人質等等要求，便能屈辱求存。」

極品啊……

最終於西元1126年，
金軍還是**攻進**了宋朝**都城**。

軍事科學院《中國軍事通史》：
「（960年）趙匡胤建立北宋後，便因後周之舊，以東京（今河南開封市）作為首都。」
張豈之《中國歷史．隋唐遼宋金卷》：
「靖康元年（1126年）八月，金兵經過幾個月的休整，又以宋朝不如約割讓中山、河間、太原三鎮為藉口，再次南侵……開封城破……」

宋至此**失去**了最後**機會**，

作為**皇帝**的徽宗喵和欽宗喵

也**淪為**了金朝的**俘虜**。

《宋史．卷二十三》：

「（1127年）三月辛卯朔，帝（宋欽宗）在青城……丁巳，金人脅上皇（宋徽宗）北行。」

「（1127年）夏四月庚申朔，大風吹石折木。金人以帝（宋欽宗）及皇后、皇太子北歸。」

這就是歷史上的**「靖康之變」**。

朱紹侯《中國古代史》：

「金軍因兵力有限（約五六萬人）……於靖康二年（1127年）四月初一撤兵北去，帶走了包括徽欽二帝、後妃、宗室、朝官等三千多人……史書上稱這次事件為『靖康之變』或『靖康之難』。」

而殘餘宋朝成員則**逃往南方**，

重舉了「宋」的旗幟。

蔡美彪《中國通史》：

「天會五年（1127年）五月，宋徽宗第九子康王趙構在宋群臣擁戴下在應天重建宋政權……」

吳泰《宋朝史話》：

「建炎元年（公元一一二七年）十月，宋高宗（趙構）帶著他的寵臣們，從應天府沿運河逃到揚州，宋廷終於由北方南移。」

宋的歷史從此被分為**兩截**，

這之前的宋被稱為「**北宋**」，

吳泰《宋朝史話》：

「宋代的歷史，分為北宋和南宋兩個時期。北宋建都於開封，歷時一百六十七年。」

何忠禮《南宋全史》：

「公元960年正月初四日，後周殿前都點檢趙匡胤通過陳橋兵變奪取了政權，以開封為都城，建立國號為『宋』的政權，史稱北宋。」

到南方重建的宋就被稱為「**南宋**」。

何忠禮《南宋全史》：

「靖康元年（1126）閏十一月，金軍攻占北宋京城開封。次年三月，俘徽、欽二帝北去，北宋滅亡。同年五月，宋徽宗第九子、欽宗之弟趙構，在應天府（河南商丘）即位，是為高宗，改元建炎，重建趙宋王朝……史稱『南宋』。」

南宋的建立，

標誌著漢政權政治**中心**的**南移**。

張家駒《兩宋經濟重心的南移》：

「建炎元年（1127年）五月，趙構在南京即位，隨後趙宋政權便開始南遷……中央政府首先從汴京移至南京，這時再從南京移至揚州。」

而**金朝**在占領中原地區後，

對喵民進行了**殘酷統治**。

何忠禮《南宋全史》：

「十二世紀早期，女真族剛剛由氏族部落制社會脫胎而出，女真貴族的野蠻性和對子女、財富的貪婪性表現得特別突出。他們在征服河東、河北和中原地區的過程中，進行了瘋狂的屠殺和掠奪。」「金軍對所占領的地區，一面大肆掠奪財物，一面將百姓驅趕到自己的牧場作為奴隸或供使喚。」

這也導致大批**喵民**由北方**逃往南方**，

吳泰《宋朝史話》：
「南宋統治的中國南方，由於宋金戰爭的影響，許多北方的『士民』為了躲避金軍的擄掠，紛紛扶老攜幼，逃到江南。」

從而驅使經濟文化重心跟著**南移**。

何忠禮《南宋全史》：
「南宋時期，由於北方人口的大量南下，給南宋的經濟發展帶來了充足的勞動力、先進的生產技術和豐富的生產經驗。」
「北宋滅亡以後，正因為有南宋的建立，才使南方人民免遭戰火蹂躪……使中國的經濟重心最終完成了南移的歷史進程。」

在往後的百餘年裡，
金朝雖然在**軍事**上占據**上風**，

何忠禮《南宋全史》：
「南宋軍事力量的弱小，固然有其自身原因，但其所遇到的對手，前一個是「其用兵也如縱燎而乘風」的金朝……他們不僅軍事力量空前強大，而且統治也相對比較穩固。」

但**經濟**上卻是**南盛**北衰的狀態。

張家駒《兩宋經濟重心的南移》：「從中唐以來我國經濟重心已加緊其南移的過程；到南宋時因為北方的殘破，於是我國經濟上的南盛北衰局面，緣此得以完全確立。」

那麼新形勢下的華夏大地，
又將會有怎樣的**故事**呢？

（且聽下回分解。）

編者按

北宋滅亡的根本原因，在於統治階級的腐敗無能和推行多年的「守內虛外」、「重文輕武」政策。在面對同樣走下坡路的遼時，宋還勉強能夠與其相持。當更為強大的金朝出現後，北宋君臣先是毫無警惕，後又畏敵如虎，使得金軍南下如入無人之境。此外，北宋朝廷無視軍民的抗金熱情，反而被金朝所謂的「議和」哄騙，最終落得亡國的下場。值得一提的是，自西元755年爆發的安史之亂以後，由於中原地區飽受戰火蹂躪、災害頻繁，導致經濟重心已經開始由戰火紛飛的北方向較為穩定的南方轉移。當三百多年後北宋覆滅，宋室南渡，隨著政治中心的南移，中國的經濟文化重心也隨之徹底移到了南方。

參考來源：《宋史》、《續資治通鑑》、陳振《宋史》、李桂芝《遼金簡史》、吳泰《宋朝史話》、何忠禮《南宋全史》、白壽彝《中國通史》、蔡美彪《中國通史》、虞雲國《細說宋朝》、朱紹侯《中國古代史》、張家駒《兩宋經濟重心的南移》、任崇岳《宋徽宗 宋欽宗》、軍事科學院《中國軍事通史》、楊樹森《遼史簡編》、張豈之《中國歷史 · 隋唐遼宋金卷》

【被迫登基】

宋欽宗根本不想接過
宋徽宗留下的爛攤子。
他連著拒絕了宋徽宗兩次，
最後實在拗不過，
才無奈接受。

【書畫天才】

宋徽宗是個昏君，
卻也是個書畫天才。
他創造的書法「瘦金體」
和擅長的花鳥畫，
都是文化瑰寶。

【《水滸傳》原型】

宋徽宗統治時期各地起義不斷，
我國「四大名著」之一的
《水滸傳》就是取材於
當時在山東爆發的宋江起義。

百群喵檔案

饅頭小劇場

《打遊戲》

《自助餐》

饅頭

天蠍座

生日：10 月 31 日

身高：168 公分

喜歡的書籍類型：言情小說

最愛去的地方：KTV

（饅頭擬人介紹）

饅頭的機甲

Mantou's Mecha

下回再見！

第一卷
《如果歷史是一群喵1．夏商西周篇》

第二卷
《如果歷史是一群喵2．春秋戰國篇》

第三卷
《如果歷史是一群喵3．秦楚兩漢篇》

第四卷
《如果歷史是一群喵4．東漢末年篇》

第五卷
《如果歷史是一群喵5．亂世三國篇》

第六卷
《如果歷史是一群喵6．魏晉南北篇》

第七卷
《如果歷史是一群喵7．隋唐風雲篇》

第八卷
《如果歷史是一群喵8．盛世大唐篇》

第九卷
《如果歷史是一群喵9：五代十國篇》

第十卷
《如果歷史是一群喵10：宋遼金夏篇》